形势与政策

专题教程（2018下）

主　审／明清河
主　编／隋月英　孔　亭
副主编／王卫婷　李长虹
编　委／隋月英　贺旭辉　李东清　孔　亭
潘　顺　陈炜晗　刘新全　孙佩锋
朱红莉　赵建新　屈会涛　王卫婷
武贤明　宋丽慧　李长虹　李　莉
张玲玲　庄金秋　李文博　王　皓

中国矿业大学出版社

序　　言

形势与政策课程是由形势与政策两部分内容组成的。所谓形势，是指国际国内社会政治、经济、文化等发展的状况和态势；政策是党和国家为实现一段时期的目标和任务而制定的行为准则。政策的制定要以国内外的发展为依据，而形势的发展必然会导致政策的相应调整。所以，这两方面是密切相关、相互促进、相辅相成的。

形势与政策课是高校思想政治理论课的重要组成部分，是对学生进行形势与政策教育的主渠道、主阵地，是每个学生的必修课程，在大学生思想政治教育中担负着重要使命，具有不可替代的作用。

枣庄学院历来高度重视形势与政策教育，在教学过程中形成了一些经验和做法：

一是坚持以正确的思想理论为指导。始终高举中国特色社会主义伟大旗帜，以马克思列宁主义、毛泽东思想、邓小平理论、“三个代表”重要思想、科学发展观、习近平新时代中国特色社会主义思想为指导，深入贯彻落实党的十九大精神，深入贯彻落实《关于进一步加强和改进新形势下高校宣传思想工作的意见》精神，全面贯彻党的教育方针，针对学生关心的热点问题和思想特点，帮助学生认清国内外局势，立足坚定大学生对中国特色社会主义的道路自信、理论自信、制度自信和文化自信，培育和践行社会主义核心价值观，为全面建成小康社会、实现“两个一百年”奋斗目标、实现中华民族伟大复兴中国梦发挥应有的作用。

二是加强形势与政策教育教学的针对性。根据新世纪新时代的新情况新问题，加强形势与政策教育教学的针对性。当前和今后一段时期，着重进行党的基本理论、基本路线、基本纲领和基本经验教育；进行我国改革开放和社会主义现代化建设的形势、任务和发展成就教育；进行党和国家重大方针政策、重大活动和重大改革措施教育；进行当前国际形势和国际关系的状况、发展趋势，我国的对外政策，世界重大事件及我国政府的原则立场教育；进行马克思主义形势观、政策观教育。

三是积极探索形势与政策教育教学的新方式和新途径。根据教学的需要和学生的特点，采取灵活多样的教学方式，努力做到系统讲授与形势报告、专题讲座相结合，请进来与走出去相结合，课堂教学与课外讨论、交流相结合，正面教育与学生自我教育相结合。建立形势与政策大讲堂制度，每学期邀请学校领导和山东省思想政治理论课特聘教授为大学生讲授形势与政策课。同时，每年春、秋两季学期开学后或在国内外发生重大事件时,邀请相关部门负责同志为学生做报告。

四是打造一支精干的形势与政策教师队伍。学校建立了一支以专职教师为骨干,以思想政治教育工作队伍为主体,专兼结合的教师队伍。学校党政领导、学生辅导员、班主任、思政课教师、哲学社会科学相关学科的教师都承担一定的形势与政策教学任务;同时也聘请了地方党政领导、知名企业家、社会各条战线的先进人物担任形势与政策兼职教师。

五是加强形势与政策教师培训工作。逐步建立健全省级和地方两级形势与政策课教师培训机制。坚持在每年春、秋两季学期开学前,集中培训形势与政策课骨干教师。学校为教师进修提供多种便利条件,有计划地安排形势与政策任课教师在国内外进行考察,使教师不断开阔眼界,丰富教学素材。同时,充分考虑这门课难度大、变化快、备课耗时多的特点,合理计算专兼职教师的教学工作量。

六是建立健全形势与政策课领导体制和工作机制。学校建立健全党委统一领导,党委宣传部和马克思主义学院牵头负责,教务处、学生工作部、团委直接参与的教育教学领导体制和工作机制,制订教学计划,组织实施教学活动;加强督导工作,形成了定期或不定期教学检查和督导的工作机制。

七是加强形势与政策教育研究工作。重点研究马克思主义形势观和政策观等基本理论、基本观点,研究学生关注的热点、难点问题,密切关注国内外大事,及时准确把握动态,不断增强教育教学的敏锐性和时效性。

《形势与政策专题教程(2018下)》是学校马克思主义学院的同志们加强形势与政策教育研究工作的成果。本教程以教育部社会科学司颁布的高校“形势与政策”教育教学要点为基础,紧紧围绕中央有关文件精神,及时把握国内外经济、社会发展的形势与热点,紧密结合新时代大学生的知识水平和个性特点,涉及与涵盖了国内外十三个专题。

本教程对了解世情、国情、党情、社情,提高科学认识,准确把握形势与政策的能力,形成正确的世界观、人生观、价值观具有重要意义。因此,我很高兴将本书推荐给大家。

曹胜强

2018年8月

目　录

专题一

把党的政治建设作为党的根本性建设

习近平总书记指出，把党的政治建设摆在首位。旗帜鲜明讲政治是我们党作为马克思主义政党的根本要求。党的政治建设是党的根本性建设，决定党的建设方向和效果。马克思主义政党具有崇高政治理想、高尚政治追求、纯洁政治品质、严明政治纪律。如果马克思主义政党政治上的先进性丧失了，党的先进性和纯洁性就无从谈起。这就是我们把党的政治建设作为党的根本性建设的道理所在。

一、“把党的政治建设作为党的根本性建设”的历史必然性

习近平总书记在党的十九大报告中指出，“中国特色社会主义最本质的特征是中国共产党领导，中国特色社会主义制度的最大优势是中国共产党领导，党是最高政治领导力量，提出新时代党的建设总要求，突出政治建设在党的建设中的重要地位”。党的十九大对坚定不移推进新时代党的建设伟大工程进行了新的全面部署，其中最根本、最重要、最引人瞩目的变化和创新，是把党的政治建设纳入了新时代党的建设总体布局，强调“以党的政治建设为统领”，要求必须把党的政治建设放在首位，以之为统领全面推进新时代党的建设工作。

党的十九大站在新的历史起点和方位上，开宗明义地提出新时代党的建设总要求，建构党的建设总体布局，把党的政治建设纳入其中，并置于统领地位，视为根本性建设，有着深刻的历史必然性。新时代以习近平同志为核心的党中央高度重视加强党的政治建设，内在理据主要有三个方面：

（一）把党的政治建设摆在首位是中国共产党作为马克思主义政党的根本要求

马克思主义政党从不讳言自己的政治属性和政治使命。马克思、恩格斯关于无产阶级政党政治建设思想既是在总结世界社会主义思潮和运动的历史经验的基础上形成的，又是在指导创建第一个无产阶级政党的共产主义运动实践中发展起来的。马克思、恩格斯在领导无产阶级反对资产阶级的斗争中，逐步认识到无产阶级要实现自己的解放，实现自己的政治目标，需要建立自己的政党，并指出：

“要使无产阶级在决定关头强大到足以取得胜利，无产阶级必须组成一个不同于其他所有政党并与它们对立的特殊政党，一个自觉的阶级政党。”并强调，这个政党是需要先进分子组成的政党，无产阶级只有在先进政党的领导下，才能实现自己的历史使命。在建立共产主义者同盟时期，马克思、恩格斯就撰写《共产党宣言》作为党的政治纲领，明确规定了党的政治目的、政治策略，并在《共产主义者同盟章程》中规定了马克思主义政党根本的政治组织原则以及党内政治生活的基本准则，这都充分展现了无产阶级政党鲜明的政治性。列宁作为马克思主义政党理论的重要创建者和实践者，提出了一系列内容丰富的政党治理理论。列宁在领导创建俄国无产阶级政党、夺取苏维埃政权的过程中，创立了完整的新型无产阶级政党学说。他强调无产阶级及其政党必须坚持马克思主义基本理论，根据具体国情制定并践行正确的纲领、路线、斗争策略和活动方式，强调无产阶级政党必须有组织、有纪律，始终坚持政治原则的坚定性。列宁指出无产阶级政党要取得革命的胜利，不仅必须要有统一的党章、统一的党的纪律，而且一切都要遵循集中制原则。即使是苏维埃国家政权建立以后，列宁仍然强调必须坚持无产阶级政党在本阶级和人民群众中的领导地位，充分发挥无产阶级政党的领导作用，坚持党对国家政权全部政治经济的绝对领导。

旗帜鲜明讲政治是我们党作为马克思主义政党的根本要求，是区别于其他一切政党的鲜明特质和政治优势。中国共产党作为马克思主义政党，继承和发展了马克思、恩格斯和列宁关于无产阶级政党的政治建设理论。中国共产党是在共产国际的直接帮助下建立起来的马克思主义政党，从建立起就以马列主义建党学说为指导原则，确立了党的正确指导思想、组织原则，制定了党的最高纲领和最低纲领。我们党作为马克思主义政党，在党的名称、党的指导思想、党的奋斗目标、党的根本政治立场等方面从不讳言自己的政治属性和政治使命。中国共产党章程是全体党员行为的总章程和根本规定，党章对党的性质和宗旨、路线和纲领、指导思想和行动目标、组织原则和组织机构、党员义务和权利以及党的各项纪律作出了规定，从根本上确定了党的政治建设的方向、原则和策略。习近平总书记深刻指出，“历史经验表明，我们党作为马克思主义政党，必须旗帜鲜明讲政治”。我们党历来都把政治属性作为第一属性，把政治领导力作为第一位的能力，强调党必须旗帜鲜明讲政治，坚决维护党的团结和集中统一，始终把握政治方向、保持政治定力，善于驾驭政治局面，有效防范政治风险。十九大把政治建党放在统领地位，凸显了政治建设在党的建设全局中的极端重要性，抓牢了党的建设的“灵魂”和“根基”。

（二）把党的政治建设摆在首位是中国共产党自身建设和执政经验的深刻总结

纵观中国共产党97年的风雨历程，强化政治建设一直贯穿于我们党领导人民进行革命、建设、改革的全部实践之中，并成为我们党完成不同阶段使命、取得一个又一个胜利的重要历史经验。加强党的政治建设，是关乎党和国家前途命运、关乎人民根本利益的根本性问题。

我们党成立伊始，就要求全体党员不仅从理论上坚持马克思主义政党的无产阶级革命的政治性质，而且要求在革命实践和工作当中坚守马克思主义政治立场，严格执行党的路线方针和政策，全心全意为人民服务。毛泽东同志在1937年就曾经提出，党的传统，包括政治上的、组织上的、工作作风上的一切好的东西，这是不能否认的。没有这个传统，就不能说明为什么能够维持党、团结党、巩固党，克服党内错误，并同敌人作坚决战斗而得到革命的成绩，造成阶级及人民信任的大政党的地位。毛泽东同志还作出“同党的政治路线密切地联系着”“革命的政治工作是革命军队的生命线”“政治工作是一切经济工作的生命线”等著名论断，有效地指导和推进了党的建设工作。邓小平同志也强调，“到什么时候都得讲政治”。他敏锐地认识到，革命党到执政党的地位转变使共产党面临着新的考验，必须从政治方面加强对党员的教育，迅速适应这一转变。他要求党的干部在政治方向、政治立场、政治观点和政治纪律方面严格要求和把握自己。

党的十八大以来，我们党之所以能取得改革开放和社会主义现代化建设的历史性成就，一条重要经验就是把党的政治建设摆在首位，旗帜鲜明讲政治。习近平总书记深刻地指出：“什么时候全党讲政治、党内政治生活正常健康，我们党就风清气正、团结统一，充满生机活力，党的事业就蓬勃发展；反之，就弊病丛生、人心涣散、丧失斗志，各种错误思想得不到及时纠正，给党的事业造成严重损失。”同时，他还强调：“党的高级干部要注重提高政治能力，牢固树立政治理想，正确把握政治方向，坚定站稳政治立场，严格遵守政治纪律，加强政治历练，积累政治经验，自觉把讲政治贯穿于党性锻炼全过程，使自己的政治能力与担任的领导职责相匹配。”党的十九大报告把党的政治建设纳入党的建设总体布局，并强调新时代党的建设要以党的政治建设为统领，凸显党的政治建设是党的根本性建设。这是对我们党一以贯之强调的“讲政治”的理论总结，也是马克思主义党建理论的重大创新。

(三)把党的政治建设摆在首位是中国共产党肩负使命和实现梦想的迫切需要

中国共产党自成立之日起就担负起为中国人民谋幸福,为中华民族谋复兴的历史使命。党的十八大以来,以习近平同志为核心的党中央旗帜鲜明地坚持和加强党的全面领导,管党治党实现从宽松软到严紧硬的深刻转变。我们党经受住了各种风险和挑战的考验,解决了许多长期想解决而没有解决的难题,办成了许多过去想办而没有办成的大事,推动党和国家事业取得了全方位、开创性的成就,发生了深层次、根本性的变革,中华民族伟大复兴展现出前所未有的光明前景,我们比历史上任何时期都更接近、更有信心和能力实现中华民族伟大复兴的目标。但我们也要清醒认识到,党面临的执政环境依然复杂,党内存在的思想不纯、组织不纯、作风不纯等突出问题尚未得到根本解决。过去一段时间里,一些地方和部门党的领导弱化、党的建设缺失、全面从严治党不力,一些党员领导干部肆意违反政治纪律和政治规矩、对党不忠诚不老实,搞两面派、做两面人,政治生态污浊。党的十八大以来处分的中管干部,绝大多数都有违反政治纪律行为,政治腐败和经济腐败相互交织。出现这些问题,根本原因是政治建设没有抓实抓好。

我们党作为一个有着 8900 多万名党员、在 13 亿多人口的大国长期执政的大党,只有党的政治建设搞好了,才能保证党的政治方向对头、政治原则坚定、政治路线正确,才能统一全党意志、凝聚全党力量。尤其是当前,中国特色社会主义进入新时代,全党全国开启了全面建设社会主义现代化国家新征程,我们必须进一步从政治高度深刻认识党面临的“四大考验”的长期性和复杂性、党面对的“四种危险”的尖锐性和严峻性。只有把党的政治建设摆在首位,以党的政治建设统领党的其他方面建设,推动党员、干部真正把对党忠诚、为党分忧、为党尽责、为民造福作为根本政治担当,才能在新时代有效应对“四大考验”、有效克服“四种危险”。只有把党的政治建设摆在首位,把政治过硬与本领高强结合起来,我们党才能永葆旺盛生命力和强大战斗力,始终成为时代先锋、民族脊梁,完成新时代党的历史使命,实现中华民族伟大复兴的中国梦。新时代党的建设只有以党的政治建设为统领,把党的政治建设摆在首位,才能不断提高党的建设质量,把党建设成为始终走在时代前列、人民衷心拥护、勇于自我革命、经得起各种风浪考验、朝气蓬勃的马克思主义执政党。

知识链接

我们党面临“四大考验”和“四大危险”

我们党面临“四大考验”。长期执政的考验：我们党在长期执政、执政环境日趋复杂、执政基础有所变化的背景下，如何加强和改进自身建设，以巩固党的执政地位；改革开放的考验：如何在全面深化改革开放的同时，坚持和发展中国特色社会主义；市场经济的考验：我们党既要经受住市场经济对党负面影响的考验，又要经受住市场经济所引发的意识形态安全的考验；外部环境的考验：我们党面临的国际大环境和周边环境日趋复杂严峻，包围、遏制、打压、分化、唱衰中国的行径日趋激烈。

我们党面临“四大危险”。精神懈怠危险：有的党员干部缺乏理想信念，缺乏自信，缺乏斗志；能力不足危险：有的党员干部难以胜任所肩负的历史重任，难以应对诸多挑战和“四大考验”；脱离群众危险：有的党员干部高高在上，不愿深入群众，背离了党同人民群众密切联系的优良传统；消极腐败危险：一些领域腐败现象易发多发，严重侵蚀着我们党的肌体。

二、“把党的政治建设作为党的根本性建设”的内涵

在严格意义上，党的政治建设并不是一个新话题，因为在我们党自身建设的持续探索历程中，对加强政治建设的重视是一以贯之的。同时也要看到，面对新时代的新使命、新环境、新任务、新要求、新挑战，党的十九大突出强调党的政治建设，并将其置于统领地位，视为党的根本性建设，绝非是对自身建设史的简单回溯，而是赋予其新的生命。

党的十九大报告围绕政治建设提出了诸多关键词，如政治路线、政治方向、政治立场、政治原则、政治道路、政治生态等。如此众多的概念和范畴，一方面体现出党的政治建设意涵的丰富性和繁多性，从不同层面和侧面揭示了政治建设的丰富内涵、内在规律和实践要求；另一方面，也为系统把握党的政治建设的科学内涵提供了关键基点和有效路径。总结来看，“把党的政治建设作为党的根本性建设”的内涵主要有以下几个方面：

首先是锻造党的政治品质，强化党的政治属性，实现党的高远理想，完善党的政治“软件”，具体如确定政治路线，确立政治道路，完善政治纪律，严肃政治规矩，严格政治标准等。

其次是开展党的政治建设实践，具体如开展严肃认真的党内政治生活，加强

党内政治巡视，开展党的群众路线教育实践活动和"三严三实"专题教育等。

最后是弘扬中国共产党价值观，增强党员个体的党性修养和政治素养，努力使全体共产党人特别是党员干部能始终保持政治定力、站稳政治立场，能不断增强政治意识、提高政治觉悟，能永葆政治本色、强化政治担当。具而言之，就是要"对党忠诚、为党分忧、为党尽职、为民造福"，不断作出无愧于历史、无愧于人民、无愧于时代的新贡献。锻造党的政治品质，强化党的政治属性，实现党的高远理想，达致理想政治状态是开展政治建设实践的最终归宿，因此也是党的政治建设最具本质性的意涵。

党的建设作为党的根本性建设，其根本性的表现是对党的思想、组织、作风、纪律建设的统摄和主导作用。新时代党的建设总体布局是"全面推进党的政治建设、思想建设、组织建设、作风建设、纪律建设，把制度建设贯穿其中，深入推进反腐败斗争"。在这一总体布局中，党的政治建设无疑是居于统领、总摄和核心地位的。抓实抓好了党的政治建设，就把握住了政治立场、政治方向、政治原则、政治道路，就能够对党的思想、组织、作风、纪律建设起到提纲挈领的作用。

当前，就我们党的实际来看，经过 90 多年来的不断积累和发展，特别经过党的十八大以来以习近平同志为核心的党中央的革命性锻造和强力提升，我们党的先进性和纯洁性得到了极大的增强，"焕发出新的强大生机活力"。同时也要看到，当前弱化我们党的先进性、损害我们党的纯洁性的因素仍然客观存在，其中最紧要和最致命的无疑就是党内存在的形形色色的政治问题。加强党的政治建设，医治党内各种"病症"，祛除党内各类"病毒"，对永葆我们党的先进性和纯洁性不可或缺。作为一个拥有 8900 多万名党员的超大规模政党，中国共产党要避免落入大而不强的境地，始终保持党的强大战斗力、凝聚力和向心力，关键在于维护党的团结和集中统一。一段时间以来，出现了不少亟待解决的突出矛盾和问题，理想信念不坚定、对党不忠诚、纪律松弛、脱离群众，个人主义、好人主义、宗派主义、拜金主义不同程度存在，形式主义、官僚主义、享乐主义和奢靡之风问题突出，任人唯亲、跑官要官、拉票贿选现象屡禁不止，滥用权力、腐化堕落、违法乱纪等现象滋生蔓延。这些矛盾和问题的存在严重侵蚀了我们党的思想道德基础，破坏了我们党的团结和集中统一。在此背景下，高度重视加强党的政治建设，既是由这些问题而起，也是朝这些问题而去。

理解"把党的政治建设作为党的根本性建设"，需要明确以下几个问题：

一是把政治建设摆在首位，不是"只抓其一，不管其他"。习近平总书记指出，"党的政治建设是党的根本性建设，决定党的建设方向和效果"。这从深层次清晰指明了政治建设在党的建设系统工程中所处的地位。事实上，党的十九大在谋划新时代党的建设总要求时已经鲜明提出，“以党的政治建设为统领”，“全面推进党的政治建设、思想建设、组织建设、作风建设、纪律建设，把制度建设贯穿其中，深入推进反腐败斗争”。政治建设居于统领性地位，发挥统领性作用。但是，它绝不是单打独斗，而需要与思想建设、组织建设、作风建设、纪律建设和制度建设融为一体，合力推进。这好比建房子，没有地基、水泥、钢筋、砖块，再精湛的技术也垒不起漂亮的屋顶。党的政治建设也是如此。失去了思想建设、组织建设、作风建设、纪律建设和制度建设的有力支撑，政治建设的统领作用终究是空中楼阁。历史和实践也一再证明，在革命、建设和改革的任何时期，我们党从来就不是单独抓政治建设，而是始终坚持统筹兼顾，合力并举。这说明，在理解“把政治建设摆在首位”问题时，决不能就政治建设抓政治建设。“只抓其一，不管其他”的片面思维是有害的。这是必须牢牢把握的一个基准点和方法论。

二是把政治建设摆在首位，不是权宜之计而是长期工程。着眼于党的建设存在的突出问题，习近平总书记提出要把政治建设摆在党的建设首位。这蕴含着鲜明的问题意识和问题导向，有助于从政治高度严把政治建设关。在这个过程中，我们要充分认识到，把政治建设摆在首位虽然有解决当前突出问题的现实考量，但绝不是权宜之计，更不是临时起意。因此，在推动政治建设时，不应有“毕其功于一役”的想法或“一阵风”式的思维倾向，而应树立久久为功、持之以恒、驰而不息的战略思维，做好立足当前谋划长远、打“持久战”的准备，让政治建设永远在路上。否则，政治建设就会半途而废、无功而返。这在历史上是有教训的，我们应当引以为戒。事实上，深入分析就会发现，把政治建设摆在首位，是对近年来全面从严治党基本经验进行系统性概括而得出的基本结论，充分体现了以习近平同志为核心的党中央对新时代党的建设现状、问题、形势、任务的清醒认识和准确把握，以及对未来党的建设系统工程的长远谋划和顶层设计。

三是把政治建设摆在首位，不是只抓“关键少数”，而是要抓好全党。为政之要，唯在得人；治国理政，关键在人。历史和现实告诉我们：解决中国的问题，关键在党；解决党自身的问题，关键在党的各级领导干部。正所谓“子帅以正，孰敢不正”？在我们党的政治生活中，领导干部尤其是高级领导干部发挥着重要作用和直接影响。他们既是执政兴国的骨干力量，也是党的各项工作的组织实施者。正因如此，习近平总书记在谈到政治建设时语重心长地说：“全党同志特别是高级干部要加强党性锻炼，不断提高政治觉悟和政治能力，把对党忠诚、为党分忧、为党尽职、为民造福作为根本政治担当，永葆共产党人政治本色。”这就提醒“关键少数”要时刻警醒自己,做到自重自省自警自励。但是,抓住“关键少数”并不意味着放任“大多数”。事实上,在党的建设中,既没有“铁帽子王”和免罪的“丹书铁券”,也不存在所谓的“真空地带”。政治建设同样如此,它指向的是全党,涵盖的也是全党。在推进政治建设过程中,全党同志应革除“与己无关”的错误观念,每个党员都应是政治建设的参与者和拥护者。

三、以党的政治建设为统领是习近平新时代中国特色社会主义思想的重要创新成果

马克思恩格斯在《共产党宣言》中指出,“无产阶级政党是无产阶级利益的代表者”,“共产党人不是同其他工人政党相对立的特殊政党。他们没有任何同整个无产阶级的利益不同的利益”。马克思、恩格斯认为,无产阶级政党必须重视党的政治建设,始终保持在思想、政治、理论、组织以及政策、纲领上的独立性,以保证自己的领导权。

中国共产党是以马克思主义为指导的无产阶级政党,是代表无产阶级根本利益的政治集团。中国共产党是按照马克思列宁主义建党思想建立起来的政党,自1921年成立以来,就旗帜鲜明地把共产主义作为最高政治纲领,并依据马克思主义的立场观点方法,科学制定了不同历史时期的基本纲领和路线方针政策,并指导革命、建设和改革取得了一个又一个伟大胜利。

在长期的革命斗争中,以毛泽东同志为代表的中国共产党人,对思想建党、政治建党进行了长期的艰苦探索。1929年,毛泽东同志针对党和红军中存在的种种非无产阶级思想,着眼于把党建设成为无产阶级先锋队,在古田会议上提出了思想建党、政治建军的一系列主张。在古田会议决议关于党员条件的第一条就明确规定,必须“政治观念没有错误(包括阶级觉悟)”。在党的七大上,毛泽东同志提出要把全心全意为人民服务作为党的先进性的根本要求。他曾经说过:“一个政党要引导革命到胜利,必须依靠自己政治路线的正确和组织上的巩固。”在社会主义建设时期,毛泽东同志也始终强调要重视党的政治建设,要防止修正主义、防止党的旗帜改变颜色。

知识链接

古田会议

古田会议,是红四军在1929年12月28日至29日在福建省龙岩市上杭县古田召开的第九次党的代表大会,即红军第四军第九次党代表大会。因在福建省上

杭县古田村召开，史称为“古田会议”。这次会议在中国共产党和工农红军的发展史上有着极其重要的意义。这次会议的主要任务在于克服由于红四军的组织成分和长期处于艰苦的战斗环境而出现的各种非无产阶级思想，加强党对军队的领导。会议通过的决议案着重强调加强党的思想建设的重要性，并从红四军党组织的实际出发，全面地指出党内各种非无产阶级思想的表现、来源及纠正的办法。决议案在着重强调党的思想建设的同时，又指出必须加强党的组织建设，必须坚持民主集中制，反对极端民主化、非组织观点等错误倾向；并且提出了注意提高党员质量，加强各级党组织的工作等要求。古田会议决议案先后在红四军和各地工农红军中贯彻执行，使中国共产党领导的军队成了一支新型的人民军队。几十年来，中国人民解放军遵循古田会议决议的原则，军队建设有了很大的发展，积累了丰富的经验。在社会主义建设时期，古田会议决议案对加强中国人民解放军革命化、现代化、正规化建设，仍然具有重要的指导意义。

进入改革开放新时期，邓小平同志强调要坚持解放思想，实事求是，并提出把“坚持中国共产党领导”作为四项基本原则重要内容，强调“到什么时候都得讲政治”“老祖宗不能丢”“没有中国共产党的领导，就没有现代中国的一切”。

党的十八大以来，以习近平同志为核心的党中央把政治建设纳入全面从严治党战略布局，提出了一系列重大观点，对政治建党进行了许多行之有效的创新探索，并在实践中形成了习近平新时代中国特色社会主义思想。

党的十九大报告指出：“伟大斗争、伟大工程、伟大事业、伟大梦想，紧密联系、相互贯通、相互作用，其中起决定性作用的是党的建设新的伟大工程”。“勇于自我革命，从严管党治党，是我们党最鲜明的品格。必须以党章为根本遵循，把党的政治建设摆在首位”。报告提出了新时代党的建设总要求：坚持和加强党的全面领导，坚持党要管党、全面从严治党，以加强党的长期执政能力建设、先进性和纯洁性建设为主线，以党的政治建设为统领，以坚定理想信念宗旨为根基，以调动全党积极性、主动性、创造性为着力点，全面推进党的政治建设、思想建设、组织建设、作风建设、纪律建设，把制度建设贯穿其中，深入推进反腐败斗争，不断提高党的建设质量，把党建设成为始终走在时代前列、人民衷心拥护、勇于自我革命、经得起各种风浪考验、朝气蓬勃的马克思主义执政党。这些论述充分体现了习近平总书记对党的政治建设重要性的深刻认识，是对党的执政规律的深刻把握。

习近平总书记关于“以党的政治建设为统领”“把党的政治建设摆在首位”的思想，是马克思主义建党学说与中国特色社会主义新时代党的建设伟大实践相结合的最新理论创新成果，是党的建设历史经验的新总结和新概括，把马克思主义建党学说提高到了新境界。

四、坚持以党的政治建设为统领,全面推进党的建设新的伟大工程

(一)坚持党中央权威和集中统一领导是党的政治建设的首要任务

党政军民学,东西南北中,党是领导一切的。党的领导是中国特色社会主义最本质的特征,是中国特色社会主义制度的最大优势。坚持党的领导,首先是坚持党中央权威和集中统一领导。这是党的领导的最高原则,是全党最大的政治、最重要的大局,是全党共同的政治责任。

牢固树立"四个意识"是坚持党中央权威和集中统一领导的重要思想基础。坚持党中央权威和集中统一领导,首先是思想上要自觉、态度上要坚决。事在四方,要在中央。一个国家、一个政党,领导核心至关重要。全党同志必须自觉在思想上政治上行动上同以习近平同志为核心的党中央保持高度一致,牢固树立"四个意识",坚决维护习近平总书记党中央的核心、全党的核心地位,始终做到政治上坚定拥护核心、思想上高度认同核心、行动上坚决追随核心、组织上自觉维护核心、情感上衷心爱戴核心。

坚定执行党的政治路线是坚持党中央权威和集中统一领导的关键内容。党的政治路线是党的纲领在一定历史时期的具体体现,决定着党前进的方向和党的建设方向。坚持党中央权威和集中统一领导,不能停留在表态上、文件上和会议上,必须落实在行动上。要以切实行动和实际成效在政治立场、政治方向、政治原则、政治道路上同党中央保持高度一致,特别是要坚定不移全面贯彻执行党的政治路线,把以经济建设为中心同坚持四项基本原则、坚持改革开放这两个基本点统一于中国特色社会主义伟大实践,任何时候都不能有丝毫偏离和动摇。

严格遵守政治纪律和政治规矩是坚持党中央权威和集中统一领导的根本保证。政治纪律是最重要、最根本、最关键的纪律,遵守党的政治纪律是遵守党的全部纪律的重要基础。每一个党的组织、每一名党员干部,无论处在哪个领域、哪个层级、哪个部门和单位,都必须时时处处自觉服从党中央集中统一领导,同党中央保持高度一致,始终做到党中央提倡的坚决响应、党中央决定的坚决照办、党中央禁止的坚决不做,不打任何折扣,不要任何小聪明,不搞任何小动作,确保党中央令行禁止、政令畅通。

(二)严肃党内政治生活是党的政治建设的基本途径

党要管党必须从党内政治生活管起,从严治党必须从党内政治生活严起。严

肃党内政治生活，是我们党坚持党的性质和宗旨的重要法宝，是我们党增强自我净化、自我完善、自我革新、自我提高能力的重要途径，是新时代加强党的政治建设的重要任务。

尊崇党章，严格执行新形势下党内政治生活若干准则。党内政治生活是党组织教育管理党员和党员进行党性锻炼的主要平台。要尊崇党章，严格执行新形势下党内政治生活若干准则，着力增强党内政治生活的政治性、时代性、原则性、战斗性，自觉抵制商品交换原则对党内生活的侵蚀，营造风清气正的良好政治生态。各级领导机关和领导干部必须以身作则，模范遵守党章党规，自觉接受党内政治生活锻炼，用好用足用活批评和自我批评这个锐利武器，讲党性不讲私情、讲真理不讲面子，坚决抵制和反对党内政治生活的随意化、庸俗化。

完善和落实民主集中制。民主集中制是党的根本组织原则。要坚持民主基础上的集中和集中指导下的民主相结合，既充分发扬民主，又善于集中统一。要坚持集体领导制度，凡属重大问题，按照集体领导、民主集中、个别酝酿、会议决定的原则，由集体讨论、按少数服从多数作出决定。要发扬民主、善于集中、敢于担责，严格按程序决策、按规矩办事。既要反对借集中之名搞一言堂、家长制，又要防止以民主之名自作主张、自行其是，更不许领导班子成员把分管工作、分管领域和地方当作“私人领地”。

严格落实党委主体责任和纪委监督责任。风成于上，俗化于下。领导机关和领导干部的率先垂范、以身作则至关重要。各级党委（党组）要全面履行加强和规范党内政治生活的领导责任，推动形成一级做给一级看、一级带着一级干的良好局面。要加强督促检查，强化责任追究，把加强和规范党内政治生活各项任务落到实处，使每个党组织都成为激浊扬清的战斗堡垒，使每个党员都成为扶正祛邪的战斗员，推动全党严肃党内政治生活不断取得实效。

（三）发展积极健康的党内政治文化是党的政治建设的价值引领

党内政治文化代表着中国共产党人独特的精神标识，是党的政治建设的价值导向和精神引领。政治文化是政治生活的灵魂，对政治生态具有潜移默化的影响。党内政治文化积极健康，政治生态就会风清气正；党内政治文化出了问题，政治生态必然受到污染。要大力发展积极健康的党内政治文化，不断培厚良好政治生态的土壤，实现党内政治生态的山清水秀。

弘扬共产党人价值观。共产党人价值观是党内政治文化的核心。要始终坚持马克思主义指导地位，大力传承弘扬中华优秀传统文化、革命文化和社会主义先进文化，大力弘扬忠诚老实、公道正派、实事求是、清正廉洁等价值观，不断涵养政治定力、纪律定力、道德定力、抵腐定力,解决好世界观、人生观、价值观这个“总开关”问题,真正固本培元、补钙壮骨,养正气、祛邪气,管思想、固根本。

坚决抵制和反对各种庸俗、腐朽文化的侵蚀。加强党内政治文化建设,既要坚持正面引导,又要祛除沉疴毒瘤。要旗帜鲜明坚决防止和反对个人主义、分散主义、自由主义、本位主义、好人主义,坚决防止和反对宗派主义、圈子文化、码头文化,坚决反对搞两面派、做两面人,坚决抵制和反对关系学、厚黑学、官场术、“潜规则”等庸俗腐朽的政治文化。

突出加强政治信仰教育。党内政治文化本质上是一种信仰文化,需要每一个共产党人对政治信仰的永恒坚守,对理想信念的矢志追求。人生如屋,信念如柱;柱折屋塌,柱坚屋固。习近平总书记指出:“有了坚定的理想信念,站位就高了,眼界就宽了,心胸就开阔了,就能坚持正确的政治方向”。因此,应当把政治信仰教育作为党内政治文化建设的战略性、基础性工程,让共产主义远大理想和中国特色社会主义共同理想成为每一个共产党人的精神支柱和政治灵魂,成为党内政治文化的清泉活水。

(四)提高领导干部政治觉悟和政治能力是党的政治建设的关键

领导干部是党执政兴国的骨干力量。党的政治建设,需要从各级领导干部特别是高级干部做起。各级领导干部要自觉加强党性锻炼,牢固树立政治理想,正确把握政治方向,坚定站稳政治立场,严格遵守政治纪律,不断提高政治觉悟和政治能力,把对党忠诚、为党分忧、为党尽职、为民造福作为根本政治担当,永葆共产党人政治本色。

树立政治思维,践行政治忠诚。领导干部肩负政治使命,要提高政治站位,善于从政治上观察问题、分析问题、解决问题,善于从政治上谋划、部署、推动工作。对党忠诚是党员干部的首要政治品质和政治生命线。要时刻牢记自己的第一身份是共产党员,第一职责是为党工作,忠诚党的组织、忠诚党的信仰、忠诚党的立场、忠诚党的事业,以党的旗帜为旗帜、以党的意志为意志、以党的使命为使命,坚持在党爱党、在党言党、在党忧党、在党为党,任何时候都与党同心同德,对党高度信赖,永做政治上的明白人、老实人。

强化政治担当,提高政治能力。面对新时代新形势新任务新挑战,要发扬斗争精神,既要敢于斗争,又要善于斗争,在大是大非面前,在激烈的国际政治斗争面前,在重大挑战、重大风险、重大阻力、重大矛盾面前,在关键时刻能够站得出来、顶得上去,敢于亮剑、敢于碰硬、敢于攻坚、敢战能胜,以奋发有为、进取奉献、忠诚履职的精神境界,担当起党和人民赋予的新时代使命任务,交出人民满意的新时代答卷。

思考问题

1. 十九大提出党的政治建设是党的根本性建设的历史必然性是什么？
2. 如何理解党的政治建设是党的根本性建设的科学内涵？

参考文献

1. 习近平谈治国理政：第二卷[M]. 北京：外文出版社，2017.
2. 习近平新时代中国特色社会主义思想三十讲[M]. 北京：学习出版社，2018.
3. 党的十九大报告学习辅导百问[M]. 北京：学习出版社，2017.
4. 张忠军. 把党的政治建设摆在首位[J]. 北京：求是，2018(7).

专题二

宪法要以中国特色社会主义建设实践为基础与时俱进

——我国现行宪法的第五次修改及其意义

2018 年 3 月，第十三届全国人民代表大会第一次会议根据党的十九届二中全会提出的建议，审议通过了《中华人民共和国宪法修正案》。这是我国现行宪法的第五次修改。通过本次宪法修改，党的十九大确定的重大理论观点和重大方针政策，党和国家事业发展的新成就新经验新要求，载入国家根本法。这对于全面贯彻党的十九大精神和习近平新时代中国特色社会主义思想，深化依法治国、依宪治国，在法治轨道上更好坚持和发展中国特色社会主义，广泛动员和组织全国各族人民夺取新时代中国特色社会主义伟大胜利，具有重大而深远的意义。

一、宪法修改的理论依据

宪法要以中国特色社会主义建设实践为基础与时俱进，宪法的与时俱进要通过修改来实现。宪法修改的理论依据是马克思主义经济基础与上层建筑之间对立统一原理和宪法的适应性与稳定性及其辩证关系思想。

（一）宪法适应性与稳定性的辩证统一

1954 年 6 月 14 日，毛泽东同志在中央人民政府委员会第三十次会议上关于《中华人民共和国宪法草案》的讲话中指出："一个团体要有一个章程，一个国家也要有一个章程，宪法就是一个总章程，是根本大法。"宪法作为根本大法，是治国安邦的总章程，是党和人民意志的集中体现，是中国特色社会主义法律体系的核心，在全面依法治国中具有突出地位和重要作用。我国宪法确认了党领导人民长期奋斗取得的辉煌成果，规定了人民民主专政国家政权的性质和根本制度，明确了国家未来建设发展的根本任务和总的目标，是党的指导思想、中心工作、基本原则、重大方针、重要政策在国家法制上的最高体现。

我国现行宪法是 1982 年 12 月 4 日第五届全国人民代表大会第五次会议通过的，它以法律的形式确认了我国各族人民奋斗的成果，规定了国家的根本制度、根本任务和国家生活的基本原则，具有最高的法律效力。

宪法的本质和作用决定了宪法具有稳定性，但这种稳定性是在内容上追求宪法与现实相符合的动态上的稳定性。因此，稳定性和适应性是宪法应有的特性。

宪法的稳定性，是指宪法的内容和形式相对持久、不变或者基本不变。法律只有稳定，才能体现其权威性，一部朝令夕改的宪法，其权威性必然受到质疑。况且宪法是一个国家的根本大法，其微小的变动就会带动其他部门法大幅度的调整。因此，宪法要保持最高的权威性，就必须保持相对较高的稳定性。宪法的稳定性表现在多个方面，其中主要包括宪法理论基础的稳定、宪法基本原则的稳定、宪法本质的稳定、宪法指导思想的稳定等。这些方面的综合，就构成宪法的总体稳定。

宪法必须保持稳定，这是由宪法本身的特点和作用决定的。但是，宪法能否稳定，是由宪法本身的完备性、科学性和正确性决定的。显然，作为国家根本大法的宪法，如果在内容上不完备、缺少科学性，那它就难以担当治国安邦的大任，就难以在这个国家的法治中立于不败之地，其权威性就无从谈起。因此，一部好的宪法必须首先是一部符合社会现实、带有时代特征的与时俱进的法。宪法与社会现实之间的适应性是影响宪法权威和尊严的第一要素。

所谓宪法的适应性，是指宪法同客观实际相适应。宪法适应客观实际是指宪法如实地反映客观实际，确认已经取得了的成果，在总结经验的基础上，建立相关的制度和政策来巩固现实中已经存在的胜利成果。正如毛泽东所说过的那样："世界上历来的宪政……都是在革命成功有了民主事实之后，颁布一个根本大法，去承认它，这就是宪法。"可见，宪法是对存在着的客观实际的反映、承认与巩固。对此，我国宪法的序言也有说明："本宪法以法律的形式确认了中国各族人民奋斗的成果"。反映客观事实是宪法适应性的一个方面。另外，宪法适应客观实际也指宪法要反映客观实际的发展要求，指导客观实际的发展方向和要求。

从宪法适应客观实际的两种情形来看，宪法的适应性，就其实质来说，体现的都是宪法同客观实际之间的关系。宪法正确反映客观实际并指导客观实际，它就具有适应性，就是真实的宪法；反之，不正确反映客观实际、不能指导客观实际，它就不具有适应性，就是虚假的宪法。对此，列宁曾有过说明。他说："当法律同现实脱节的时候，宪法是虚假的；当它们是一致的时候，宪法便不是虚假的。"可见，当宪法不足以解释和解决社会现实问题时，修改宪法就势在必行，它是提高和增强宪法权威性的一种手段。

宪法的适应性与稳定性之间是辩证统一的关系。宪法的适应性表现在宪法的内容与宪法所作用的客观社会现实之间的一致。保持这种一致状态，宪法就是稳定的;否则,就会影响其稳定性。客观社会的永恒变化决定宪法的适应性必然是恒动的,宪法总是在"适应—不适应—新的适应"的状态中运动发展的。一般说,客观社会的发展变化是引起宪法从适应到不适应的原因,而实现宪法从不适应达到新的适应则是通过宪法的修改来实现的。当宪法适应于社会实际时,宪法是稳定的、不变的;当宪法不再适应于社会实际,为了达到新的适应而修改宪法时,旧的稳定就要被打破。可见,稳定的含义不同于凝固、僵化,它是运动过程中的一种相对静止的状态,即不是绝对的、永久的、亘古不易的。

总之,一部良宪必定力求达到适应性与稳定性的统一。宪法规范是静态的,而其所反映的社会现实却是动态的,宪法规范同现实的社会常常处于冲突、协调、再冲突、再协调的矛盾之中,当这种矛盾到一定程度的时候,修改宪法就必然是一种理性的选择。维护宪法的稳定性并不一定要保持宪法文本的一成不变,而随着社会的发展适时地修改与现实不相适应的条款,则是维护宪法自身价值和权威的内在需要。

(二)经济基础与上层建筑之间的对立统一

经济基础是指由社会一定发展阶段的生产力所决定的生产关系的总和。上层建筑是建立在一定经济基础之上的意识形态以及与之相应的制度、组织和设施。经济基础与上层建筑是辩证统一的。经济基础决定上层建筑,上层建筑反作用于经济基础,二者相互影响、相互作用。就像恩格斯曾经说过的那样,每一个时代的社会经济结构形成现实基础,每一个历史时期由法律设施和政治设施以及宗教的、哲学的和其他的观点所构成的全部上层建筑,归根到底都是应由这个基础来说明的。根据经济基础与上层建筑之间的对立统一规律,社会生产力的不断提高,必然引起生产关系的变化,而生产关系的变化又必然要求上层建筑向前发展即与时俱进。作为上层建筑的宪法是人类社会发展到一定历史阶段的产物,它必然受制于社会,必须遵循经济基础与上层建筑的矛盾运动规律,一定要适应经济基础的变化而变化。宪法的稳定性与适应性主要取决于其本身是否适应本国国情,能否对本国的基本情况作出概括性的和预见性的规定。作了概括性的和预见性的规定,宪法才能适应社会的发展的要求,才能保持其稳定,也才能有其权威性。反之,宪法不随着时间和社会情势的变化而变化,就会因其不能适应社会发展的要求而为社会所推翻,在这种情景下,更不能奢谈宪法权威和法治。

二、我国现行宪法的历次修改

我国宪法是治国理政的总章程,必须体现党和人民事业的历史进步,必须随着党领导人民建设中国特色社会主义实践的发展而不断完善发展。宪法只有不断适应新形势、吸纳新经验、确认新成果，才能具有持久生命力。1988年、1993年、1999年、2004年、2018年，全国人民代表大会分别对我国现行宪法个别条款和部分内容作出必要的也是十分重要的修正，使我国宪法在保持稳定性和权威性的基础上紧跟时代前进步伐，不断与时俱进。现行宪法的这五次修改，都是对中国特色社会主义建设需求的回应。

（一）我国现行宪法追溯

我国现行宪法是1982年12月4日第五届全国人民代表大会第五次会议通过的《中华人民共和国宪法》。我国现行宪法公布施行至今已经30多年了。

我国现行宪法可以追溯到1949年具有临时宪法作用的《中国人民政治协商会议共同纲领》和1954年第一届全国人民代表大会第一次会议通过的《中华人民共和国宪法》。这些文献都以国家根本法的形式，确认了近代100多年来中国人民为反对内外敌人、争取民族独立和人民自由幸福进行的英勇斗争，确认了中国共产党领导中国人民夺取新民主主义革命胜利、中国人民掌握国家权力的历史变革，为巩固社会主义政权和进行社会主义建设发挥了重要保障和推动作用，也为改革开放新时期我国现行宪法的制定和完善奠定了基础。

党的十一届三中全会开启了改革开放历史新时期，发展社会主义民主、健全社会主义法制成为党和国家坚定不移的方针。我国现行宪法即1982年宪法就是在这个历史背景下产生的。这部宪法继承和发展了1954年宪法的基本原则，深刻总结了我国社会主义建设正反两方面经验，适应我国改革开放和社会主义现代化建设、加强社会主义民主法制建设的新要求，确立了党的十一届三中全会之后的路线方针政策，把集中力量进行社会主义现代化建设规定为国家的根本任务，就社会主义民主法制建设作出一系列规定，为改革开放和社会主义现代化建设提供了有力法制保障。实践证明，1982年宪法是中华人民共和国成立以来制定的最好的一部宪法。

（二）我国现行宪法的五次修改

1982年宪法迄今已经实施30多年。在这30多年中，国家政治、经济、文化和社会生活等各方面均发生了深刻的变化，这种变化推动着宪法逐渐走向完善。现行宪法的五次修改，既是这种社会深刻变化的产物，也是推动社会变革发展的重要因素。而且，回顾现行宪法的五次修改，我们不难发现，修宪始终贯穿着“与时俱进、继往开来”的时代精神，始终体现着“解放思想、推进发展”的时代要求。可以说，每一次宪法修改都是对改革开放和社会发展所取得的成就的确认，同时每一次宪法修改之后，又都极大地促进了国家的发展和社会的进步。

众所周知，改革开放以来，特别是1982年宪法颁布实施以来，各种非公有制经济发展迅速，并展示出强劲的发展势头和勃勃生机，从而推动了整个国民经济的发展。据统计，1987年同改革前的1978年相比，在全国的工业总产值中全民所有制企业的比重由77.6%下降为59.7%，个体经济、私营经济、“三资企业”等非公有制经济成分则由改革前几乎为零上升到了5.6%。在同期的商业中的比重，全民所有制和集体所有制商业分别下降为38.7%和35.7%，而非公有制经济成分却在全国商业中的比重由2.1%上升至25.6%。保障各种非公有制经济的合法权益，迫切需要从宪法上确认其应有的法律地位和积极作用。为此1988年4月12日第七届全国人民代表大会第一次会议通过了涉及私营经济的法律地位和土地使用权两项内容的第一个宪法修正案。原宪法第十一条增加了“国家允许私营经济在法律规定的范围内存在和发展。私营经济是社会主义公有制经济的补充。国家保护私营经济的合法的权利和利益，对私营经济实行引导、监督和管理”。从此，在宪法意义上，私营经济走向了合法。这次宪法修正案通过以后，我国个体经济、私营经济在规模上日益壮大，经济实力日益增强，对国民经济的贡献日益突出，极大地推动了中国经济的进一步健康发展，同时，也促进了社会主义市场经济的发育，使人们认识到了在社会主义中国搞市场经济的可行性和必然性。

然而，社会主义市场经济发展的道路是曲折的。从1990年2月起，社会上掀起了一股改革到底是姓“资”还是姓“社”的争论。针对于此，1992年春，邓小平提出，姓“资”还是姓“社”判断的标准，应该主要看“是否有利于发展社会主义社会的生产力，是否有利于增强社会主义国家的综合国力，是否有利于提高人民的生活水平”，“计划多一点还是市场多一点，不是社会主义与资本主义的本质区别。计划经济不等于社会主义，资本主义也有计划；市场经济不等于资本主义，社会主义也有市场。计划和市场都是经济手段”。邓小平的这些观点，明确回答了长期困扰和束缚人们思想的许多重大认识问题，使经济改革取得了突破性进展。1992年10月召开的党的十四大，明确将建立社会主义市场经济体制确立为我国经济体制改革的目标。显然，这与宪法规定的“以计划经济为主、市场调节为辅”的经济体制直接冲突。这使得1982年宪法的某些方面已经不能适应现实的需要，修宪问题被提上日程。同时，当时社会各项事业的明显进步也为“社会主义市场经济”入宪奠定了基础。于是，1993年3月29日，第八届全国人民代表大会第一次会议审议通过了第二个宪法修正案，原宪法第十五条“国家在社会主义公有制基础上实行计划经济”被修改为“国家实行社会主义市场经济”，第一次为推动和建设社会主义市场经济提供了宪法依据。其后，我国经济发展之所以保持了较快的增长速度，一方面取决于经济体制改革、制度创新，另一方面也与经济立法的完善对市场的调节与保障作用增强密不可分。

市场经济体制的确立不但使中国体制改革有了质的飞跃，也为法治理论提供了现实的基础。完善社会主义市场经济体制，必须实现管理方式由主要靠行政规则、行政手段向主要靠法制规则、法制手段的转变。因为市场经济是法治经济，没有法治，社会主义市场经济就很难推进；反之，要大力发展社会主义市场经济，就必然实行依法治国。1997 年 9 月 12 日，党的十五大召开。大会把邓小平理论确立为中国共产党的指导思想，同时，明确提出了“依法治国是党领导人民治理国家的基本方略”。为更好地发挥宪法作为国家根本大法的作用，1999 年 3 月 15 日，第九届全国人民代表大会第二次会议通过了现行宪法的第三次修正案，将邓小平理论作为国家的指导思想、将依法治国作为治国方略写进宪法，并进一步提出保护个体经济和私营经济。这次宪法修正案通过以后，我国社会主义法律体系逐步得到健全。目前，中国特色社会主义法律体系已经形成并不断发展。

十三届四中全会以来，党在团结带领全国人民建设中国特色社会主义实践中，积累了许多宝贵经验，进行了理论创新，逐步形成了“三个代表”重要思想。2002 年 11 月，党的十六大召开。大会高度评价“三个代表”重要思想的历史地位和重要作用，将其确立为党必须长期坚持的指导思想，同时，明确提出了本世纪头二十年的奋斗目标和重大方针政策。为有利于宪法更好地发挥国家根本大法的作用，2004 年 3 月 14 日，第十届全国人民代表大会第二次会议通过了现行宪法的第四个修正案，将“三个代表”重要思想作为国家的指导思想、将十六大确定的重大理论观点和重大方针政策写入宪法。

党的十八大以来，以习近平同志为核心的党中央以巨大的政治勇气和强烈的责任担当，提出一系列新理念新思想新战略，出台一系列重大方针政策，推出一系列重大举措，推进一系列重大工作，解决了许多长期想解决而没有解决的难题，办成了许多过去想办而没有办成的大事，推动党和国家事业取得了全方位的、开创性的历史性成就，国家发生了深层次的、根本性的历史性变革，中国特色社会主义进入了新时代。将十八大以来党领导人民在实践中取得的重大理论创新、实践创新、制度创新成果，由宪法予以确认，成为宪法规定，符合国家和民族的最高利益，具有重大而深远意义。为此，2018 年 3 月 11 日，第十三届全国人民代表大会第一次会议通过了现行宪法的第五次修正案。

三、现行宪法第五次修改的总体要求和原则

宪法的生命在很大程度上体现在对现实政治的规约过程之中。适时地对宪法进行修改,是确保宪法有效性和生命力的要求。但宪法是国家的根本大法,它的每一处修改都关系到国家的根本方针和政治大局,也关系到每一个普通公民的生活,因此宪法修改必须坚持正确的修宪原则和政治方向,必须慎之又慎。

(一)第五次宪法修改的总体要求

党的十九届二中全会确定了宪法修改的总体要求,为宪法修改提供了方向指引。

(1)宪法修改要高举中国特色社会主义伟大旗帜。旗帜引领方向,道路决定命运。习近平总书记强调,党和国家的长期实践充分证明,只有社会主义才能救中国,只有中国特色社会主义才能发展中国。只有高举中国特色社会主义伟大旗帜,我们才能团结带领全党全国各族人民,在中国共产党成立 100 周年时全面建成小康社会,在新中国成立 100 周年时建成富强民主文明和谐美丽的社会主义现代化强国,赢得中国人民和中华民族更加幸福美好的未来。中国特色社会主义,承载着几代中国共产党人的理想和探索,寄托着无数仁人志士的夙愿和期盼,凝聚着千千万万革命先烈的奋斗和牺牲,是历史和人民的选择。要发展中国、稳定中国,要全面建成小康社会、加快推进社会主义现代化,实现中华民族伟大复兴,必须坚定不移坚持和发展中国特色社会主义。宪法修改必须高举中国特色社会主义伟大旗帜,坚持中国特色社会主义法治道路。

(2)宪法修改要坚持以马克思列宁主义、毛泽东思想、邓小平理论、“三个代表”重要思想、科学发展观、习近平新时代中国特色社会主义思想为指导。《共产党宣言》发表以来的实践证明,马克思主义只有与本国国情相结合、与时代发展同步、与人民群众共命运,才能焕发出强大的生命力、创造力、感召力。党的十八大以来,国内外形势变化和我国各项事业的发展,尤其是我国社会主要矛盾已经转化为人民日益增长的美好生活需要和不平衡不充分的发展之间的矛盾,促使我们必须从理论和实践结合上系统回答新时代坚持和发展什么样的中国特色社会主义、怎样坚持和发展中国特色社会主义这个重大时代课题。围绕这个重大时代课题,以习近平同志为核心的党中央坚持以马克思列宁主义、毛泽东思想、邓小平理论、“三个代表”重要思想、科学发展观为指导,坚持解放思想、实事求是、与时俱进、求真务实,坚持辩证唯物主义和历史唯物主义,紧密结合新的时代条件和实践要求,以全新的视野深化对共产党执政规律、社会主义建设规律、人类社会发展规

律的认识，进行艰辛的理论探索，形成了习近平新时代中国特色社会主义思想，成为全党全国人民为实现中华民族伟大复兴而奋斗的行动指南。宪法修改应当坚持以习近平新时代中国特色社会主义思想为指导，这是时代发展的要求，是党心所向，民心所望。

(3) 宪法修改要坚持党的领导、人民当家作主、依法治国的机统一。坚持党的领导、人民当家作主、依法治国有机统一是中国特色社会主义政治发展道路的鲜明特点和优势。党的领导、人民当家作主、依法治国三者具有内在统一性。党的领导是人民当家作主和依法治国的根本保证，人民当家作主是社会主义民主政治的本质特征，依法治国是党领导人民治理国家的基本方式，三者统一于我国社会主义民主政治伟大实践。坚持党的领导，就是坚持党是宪法修改的领导核心；人民当家作主就是要坚持以人民为中心，在宪法修改中体现人民的需求和愿望；依法治国就是要严格遵循宪法修改的程序。坚持三者有机统一，对确保宪法修改的科学性、民主性、法治性具有重要意义。

(4) 宪法修改要全面贯彻党的十九大精神。宪法修改要把党的十九大确定的重大理论观点和重大方针政策特别是习近平新时代中国特色社会主义思想载入国家根本法，体现党和国家事业发展的新成就新经验新要求。党的十九大在新的历史起点上对新时代坚持和发展中国特色社会主义作出了重大战略部署，提出了一系列重大政治论断，确定了新的奋斗目标。通过宪法修改，把党的十九大确定的重大理论观点和重大方针政策特别是习近平新时代中国特色社会主义思想载入国家根本法，体现党的最新执政理念，是全党全国人民的共同意愿，是新时代坚持和发展中国特色社会主义的必然要求，具有重要的宪法理论意义和政治实践意义。

总之，宪法修改要在保持我国宪法连续性、稳定性、权威性的基础上，推动宪法与时俱进、完善发展，更好体现人民意志，更好体现中国特色社会主义制度的优势，更好适应提高党长期执政能力、推进全面依法治国、推进国家治理体系和治理能力现代化的要求，为新时代坚持和发展中国特色社会主义、实现“两个一百年”奋斗目标和中华民族伟大复兴的中国梦提供有力宪法保障。

（二）第五次宪法修改的原则

作为国之根本、法之源泉，宪法修改关系全局，影响深远。宪法修改要切实维护宪法权威性，真正实现宪法目的，彰显宪法价值。党的十九届二中全会确定了宪法修改必须贯彻以下原则。

(1) 坚持党的领导。党的十九大报告指出：“坚持党对一切工作的领导。”修改宪法,是事关全局的重大政治活动和重大立法活动,必须在党中央集中统一领导下进行。要增强“四个意识”,坚定“四个自信”,坚定不移走中国特色社会主义政治发展道路和中国特色社会主义法治道路,把坚持党的集中统一领导贯彻到宪法修改全过程,坚持正确政治方向。

(2) 坚持严格依法按程序进行。守程序是法治之始。党领导人民制定宪法法律,党领导人民执行宪法法律,党带头遵守宪法法律,体现了“社会主义法治必须坚持党的领导,党的领导必须依靠社会主义法治”的内在统一。宪法规定了严格的修改程序。宪法修改实践也积累了丰富的经验,逐渐形成了一些成熟的政治惯例。严格依法按程序修改宪法,确保党的主张通过法定程序成为国家意志,是遵循宪法法律发展规律的必然要求,是对法治精神的恪守。

(3) 坚持充分发扬民主、广泛凝聚共识。“政之所兴在顺民心,政之所废在逆民心。”人心向背,是决定一个政党、一个政权兴亡的根本性因素。宪法作为法之统帅、法律之母,是党和人民意志的集中体现。宪法修改要广察民情、广纳民意、广聚民智,充分体现人民的意志。充分发扬民主、广泛凝聚共识,才能确保宪法修改反映人民意志、得到人民拥护。

(4) 坚持对宪法作部分修改、不作大改。宪法既不能频繁修改,又不能一成不变,需要在连续性、稳定性和适应性之间寻求平衡。我国 1982 年宪法延续的修改原则是只作必要性修改,可改可不改的不改,能通过宪法解释解决的不作修改,以利于宪法稳定,利于国家稳定。我国现行宪法是一部好宪法。这次宪法修改仍然坚持对宪法作部分修改、不作大改的原则,是要对各方面普遍要求修改、实践证明成熟、具有广泛共识、需要在宪法上予以体现和规范、非改不可的,进行必要的、适当的修改;对不成熟、有争议、有待进一步研究的,不作修改;对可改可不改、可以通过有关法律或宪法解释予以明确的,原则上不改,以保持宪法的连续性、稳定性、权威性。

四、第五次宪法修正案的主要内容和重要特点

通过第五次宪法修改,党的十九大确定的重大理论观点和重大方针政策,党和国家事业发展的新成就新经验新要求,载入国家根本法。这次宪法修正案,体现了许多新的重要特点。

(一) 第五次宪法修正案的主要内容

现行宪法的第五次修改,主要体现了十八大以来我们党带领全国人民在建设中国特色社会主义实践中积累的成熟经验和最新理论成果,将这些经验和成果用

国家根本大法的形式固定下来，以指导中国未来改革开放的实践，既是历史的必然，也是逻辑的必然。

（1）确立科学发展观、习近平新时代中国特色社会主义思想在国家政治和社会生活中的指导地位。科学发展观是党的十六大以来以胡锦涛同志为主要代表的中国共产党人推进马克思主义中国化的重大成果，党的十八大党章修正案已经将其确立为党的指导思想。习近平新时代中国特色社会主义思想是马克思主义中国化最新成果，是党和人民实践经验和集体智慧的结晶，是中国特色社会主义理论体系的重要组成部分，是全党全国人民为实现中华民族伟大复兴而奋斗的行动指南，是党的十八大以来党和国家事业取得历史性成就、发生历史性变革的根本理论指引，其政治意义、理论意义、实践意义已被实践所充分证明，在全党全国人民中已经形成高度共识。党的十九大党章修正案已经将其确立为党的指导思想。在宪法中把科学发展观、习近平新时代中国特色社会主义思想同马克思列宁主义、毛泽东思想、邓小平理论、“三个代表”重要思想写在一起，确立其在国家政治和社会生活中的指导地位，反映了全国各族人民的共同意愿，体现了党的主张和人民意志的统一，明确了全党全国人民为实现中华民族伟大复兴而奋斗的共同思想基础，具有重大的现实意义和深远的历史意义。

（2）调整充实中国特色社会主义事业总体布局和第二个百年奋斗目标的内容。从物质文明、政治文明和精神文明协调发展到物质文明、政治文明、精神文明、社会文明、生态文明协调发展，是我们党对社会主义建设规律认识的深化，是对中国特色社会主义事业总体布局的丰富和完善。把我国建设成为富强民主文明和谐美丽的社会主义现代化强国，实现中华民族伟大复兴，是党的十九大确立的奋斗目标。作这样的修改，在表述上与党的十九大报告相一致，有利于引领全党全国人民把握规律、科学布局，在新时代不断开创党和国家事业发展新局面，齐心协力为实现“两个一百年”奋斗目标、实现中华民族伟大复兴的中国梦而不懈奋斗。

（3）完善依法治国和宪法实施举措。从健全社会主义法制到健全社会主义法治，是我们党依法治国理念和方式的新飞跃。作这样的修改，有利于推进全面依法治国，建设中国特色社会主义法治体系，加快实现国家治理体系和治理能力现代化，为党和国家事业发展提供根本性、全局性、稳定性、长期性的制度保障。

（4）充实完善爱国统一战线和民族关系的内容。实现中华民族伟大复兴的中国梦已经成为团结海内外中华儿女的最大公约数。实现中国梦，需要凝聚各方面的力量共同奋斗。只有把全体社会主义劳动者、社会主义事业的建设者、拥护社会主义的爱国者、拥护祖国统一和致力于中华民族伟大复兴的爱国者都团结起来、凝聚起来,实现中国梦才能获得强大持久广泛的力量支持。

巩固和发展平等团结互助和谐的社会主义民族关系,是党的十八大以来以习近平同志为核心的党中央反复强调的一个重要思想。作这样的修改,有利于铸牢中华民族共同体意识,加强各民族交往交流交融,促进各民族和睦相处、和衷共济、和谐发展。

(5) 充实坚持和加强中国共产党全面领导的内容。中国共产党是执政党,是国家的最高政治领导力量。中国共产党领导是中国特色社会主义最本质的特征,是中国特色社会主义制度的最大优势。宪法从社会主义制度的本质属性角度对坚持和加强党的全面领导进行规定,有利于在全体人民中强化党的领导意识,有效把党的领导落实到国家工作全过程和各方面,确保党和国家事业始终沿着正确方向前进。

(6) 增加倡导社会主义核心价值观的内容。社会主义核心价值观是当代中国精神的集中体现,凝结着全体人民共同的价值追求。作这样的修改,贯彻了党的十九大精神,有利于在全社会树立和践行社会主义核心价值观,巩固全党全国各族人民团结奋斗的共同思想道德基础。

(7) 修改国家主席任职方面的有关规定。在征求国家主席任职方面意见的过程中,许多地区、部门和广大党员干部群众一致呼吁修改宪法中国家主席任职期限的有关规定。党的十八届七中全会和党的十九大召开期间,与会委员代表在这方面的呼声也很强烈。大家一致认为,目前,党章对党的中央委员会总书记、党的中央军事委员会主席,宪法对中华人民共和国中央军事委员会主席,都没有作出"连续任职不得超过两届"的规定。宪法对国家主席的相关规定也采取上述做法,有利于维护以习近平同志为核心的党中央权威和集中统一领导,有利于加强和完善国家领导体制。

(8) 增加有关监察委员会的各项规定。为了贯彻和体现深化国家监察体制改革的精神,为成立监察委员会提供宪法依据,宪法修正案(草案)就国家监察委员会和地方各级监察委员会的性质、地位、名称、人员组成、任期任届、领导体制、工作机制等作出规定。这些规定反映了党的十八大以来深化国家监察体制改革的成果,贯彻了党的十九大关于健全党和国家监督体系的部署,也反映了设立国家监察委员会和地方各级监察委员会后,全国人民代表大会及其常务委员会和地方各级人民代表大会及其常务委员会、国务院和地方各级人民政府职权的新变化以及工作的新要求。

（二）第五次宪法修正案的重要特点

党的十九大召开以后，胜利开幕的第十三届全国人民代表大会第一次会议顺利通过的《中华人民共和国宪法修正案》，进一步突出了新时代中国特色社会主义民主政治的特点，续写了中国智慧、中国方案、中国故事和中国奇迹的新篇章。

(1) 贯彻了坚持党对一切工作领导的原则。在宪法第一条第二款"社会主义制度是中华人民共和国的根本制度。"后增写了一句，内容为："中国共产党领导是中国特色社会主义最本质的特征。"与此同时，宪法第七十九条第三款"中华人民共和国主席、副主席每届任期同全国人民代表大会每届任期相同，连续任职不得超过两届。"修改为："中华人民共和国主席、副主席每届任期同全国人民代表大会每届任期相同。"很好地体现了党的十九大报告中"党政军民学，东西南北中，党是领导一切的"精神，是形式与内容的具体统一。

(2) 充分肯定了习近平新时代中国特色社会主义思想的指导作用。宪法序言第七自然段中"在马克思列宁主义、毛泽东思想、邓小平理论和'三个代表'重要思想指引下"修改为"在马克思列宁主义、毛泽东思想、邓小平理论、'三个代表'重要思想、科学发展观、习近平新时代中国特色社会主义思想指引下"。在"自力更生，艰苦奋斗"前增写"贯彻新发展理念"；"推动物质文明、政治文明和精神文明协调发展，把我国建设成为富强、民主、文明的社会主义国家"修改为"推动物质文明、政治文明、精神文明、社会文明、生态文明协调发展，把我国建设成为富强民主文明和谐美丽的社会主义现代化强国，实现中华民族伟大复兴"。在"中国坚持独立自主的对外政策，坚持互相尊重主权和领土完整、互不侵犯、互不干涉内政、平等互利、和平共处的五项原则"后增加"坚持和平发展道路，坚持互利共赢开放战略"；"发展同各国的外交关系和经济、文化的交流"修改为"发展同各国的外交关系和经济、文化交流，推动构建人类命运共同体"。这都是习近平新时代中国特色社会主义思想的重要体现，是马克思主义中国化的最新成果，是党和人民实践经验和集体智慧的结晶。

(3) 突出了坚持社会主义核心价值体系。新的宪法修正案强调："国家倡导社会主义核心价值观，提倡爱祖国、爱人民、爱劳动、爱科学、爱社会主义的公德，在人民中进行爱国主义、集体主义和国际主义、共产主义的教育，进行辩证唯物主义和历史唯物主义的教育，反对资本主义的、封建主义的和其他的腐朽思想。"这是坚持走中国特色社会主义道路的根本保证。

(4) 进一步强调了民族和谐的重要性。"国家保障各少数民族的合法的权利和利益，维护和发展各民族的平等团结互助和谐关系。"其中"和谐"二字是新加的，和谐是指在事态发展中的一种相对均衡、统一、协调的状态，进一步明确了民族关系的最高目的，平等团结互助就是为了实现更好的和谐。

(5) 体现了国家监察委的独特地位和独特作用。宪法第三章“国家机构”中增加一节，作为第七节“监察委员会”；增加五条，分别作为第一百二十三条至第一百二十七条。彻底将以前各级行政部门管辖的监察工作分离出来。国家监察委员会领导地方各级监察委员会的工作，上级监察委员会领导下级监察委员会的工作。国家监察委员会对全国人民代表大会和全国人民代表大会常务委员会负责。地方各级监察委员会对产生它的国家权力机关和上一级监察委员会负责。监察委员会依照法律规定独立行使监察权，不受行政机关、社会团体和个人的干涉。监察机关办理职务违法和职务犯罪案件，应当与审判机关、检察机关、执法部门互相配合，互相制约。这是对中央《关于在北京市、山西省、浙江省开展国家监察体制改革试点方案》实践成果的充分肯定。

(6) 进一步强调改革过程的不可替代性。宪法序言第十自然段中“在长期的革命和建设过程中”修改为“在长期的革命、建设、改革过程中”；宪法序言第十二自然段中“中国革命和建设的成就是同世界人民的支持分不开的”修改为“中国革命、建设、改革的成就是同世界人民的支持分不开的”。这是中国共产党人带领中国各族人民艰苦奋斗的历史就是一部革命、建设和改革的三部曲的充分体现。

(7) 进一步凸显坚持全面依法治国。比如将“健全社会主义法制”修改为“健全社会主义法治”；“国家工作人员就职时应当依照法律规定公开进行宪法宣誓”。宪法第一百条增加一款，作为第二款：“设区的市的人民代表大会和它们的常务委员会，在不同宪法、法律、行政法规和本省、自治区的地方性法规相抵触的前提下，可以依照法律规定制定地方性法规，报本省、自治区人民代表大会常务委员会批准后施行。”这赋予了较大市的有限立法权。将全国人民代表大会设立法律委员会更名为宪法和法律委员会，突出宪法的重要性和可操作性。实践证明，全面依法治国是国家治理的一场深刻革命，必须坚持厉行法治，推进科学立法、严格执法、公正司法、全民守法。

五、第五次宪法修改的意义

宪法修改是推进全面依法治国、推进国家治理体系和治理能力现代化的重大举措。全面依法治国是党治国理政的基本方略，是实现国家治理现代化的重要依托。习近平总书记强调，没有全面依法治国，我们就治不好国、理不好政，我们的战略布局就会落空。必须坚持把依法治国作为党领导人民治理国家的基本方略、把法治作为治国理政的基本方式，不断把法治中国建设推向前进。坚持依法治国首先要坚持依宪治国，坚持依法执政首先要坚持依宪执政。因此，宪法修改，是党和国家政治生活中的一件大事，是以习近平同志为核心的党中央从新时代坚持和发展中国特色社会主义全局和战略高度作出的重大决策。

修改宪法是全面贯彻党的十九大精神的必然要求。党的十八大以来，以习近平同志为核心的党中央团结带领全国各族人民推动党和国家事业取得历史性成就、发生历史性变革，形成一系列治国理政新理念新思想新战略，中国特色社会主义进入了新时代。党的十九大在新的历史起点上对新时代坚持和发展中国特色社会主义作出了重大战略部署，提出了一系列重大政治论断，确立了习近平新时代中国特色社会主义思想在全党的指导地位，确定了新的奋斗目标，对党和国家事业发展具有重大指导和引领意义。对宪法作出适当修改，把党和人民取得的重大理论创新、实践创新、制度创新成果上升为宪法规定，对全面贯彻党的十九大精神、更好地发挥宪法在新时代坚持和发展中国特色社会主义中的重大作用，具有重要意义。

修改宪法是我国宪法发展的必由之路。在保持宪法连续性、稳定性、权威性的基础上，推动宪法与时俱进、完善发展，是我国宪法发展的必要途径。宪法只有不断适应新形势、吸纳新经验、确认新成果、作出新规范，才能更好为新时代伟业提供有力宪法保障。

宪法修改是党领导人民建设中国特色社会主义实践发展的必然要求。1982年宪法公布施行后，根据改革开放和社会主义现代化建设的实践和发展，分别进行了五次修改。通过前四次的修改，我国宪法在中国特色社会主义伟大实践中紧跟时代步伐，不断与时俱进，有力推动和保障了党和国家事业发展，有力推动和加强了我国社会主义法治建设。第五次修改对于全面贯彻党的十九大精神和习近平新时代中国特色社会主义思想，深化依法治国、依宪治国，在法治轨道上更好坚持和发展中国特色社会主义，广泛动员和组织全国各族人民夺取新时代中国特色社会主义伟大胜利，必将具有重大而深远的意义。

思考问题

1. 宪法为何要与时俱进？

2. 我国现行宪法第五次修改的意义是什么？

参考文献

1. 许崇德.保持宪法的适应性和稳定性[J].湖南社会科学,2003(6).

2. 李树忠.宪法修改的重大意义、总体要求和原则[J].求是,2018(5).

3. 杨宜勇.2018年宪法修正案的重要特点[EB/OL].(2018-03-12)[2018-07-10].http://www.qstheory.cn/wp/2018-03/12/c_1122526920.htm.

4. 华文城.宪法修改的重大意义[EB/OL].(2018-03-07)[2018-07-10].http://www.qstheory.cn/wp/2018-03/07/c_1122499922.htm.

5. 宪法必须随着实践发展而不断发展——二论学习贯彻党的十九届二中全会精神[N].人民日报,2018-01-22.

专题三

党和国家机构改革的目标和任务

2018 年 3 月，中共中央印发了《深化党和国家机构改革方案》，指出在新的历史起点上深化党和国家机构改革，必须全面贯彻党的十九大精神，坚持以马克思列宁主义、毛泽东思想、邓小平理论、“三个代表”重要思想、科学发展观、习近平新时代中国特色社会主义思想为指导，牢固树立政治意识、大局意识、核心意识、看齐意识，坚决维护以习近平同志为核心的党中央权威和集中统一领导，适应新时代中国特色社会主义发展要求，坚持稳中求进工作总基调，坚持正确改革方向，坚持以人民为中心，坚持全面依法治国，以加强党的全面领导为统领，以国家治理体系和治理能力现代化为导向，以推进党和国家机构职能优化协同高效为着力点，改革机构设置，优化职能配置，深化转职能、转方式、转作风，提高效率效能，积极构建系统完备、科学规范、运行高效的党和国家机构职能体系，为决胜全面建成小康社会、开启全面建设社会主义现代化国家新征程、实现中华民族伟大复兴的中国梦提供有力制度保障。

一、党和国家机构改革的目标

（一）优化党和国家机构设置和职能配置

改革开放 40 年来，我国已经进行了 7 次较大规模的机构改革，各方面的机构职能不断优化、逐步规范，有力推动了改革开放和社会主义现代化的建设。十八大以来，我们党坚持问题导向，致力深化党和国家机构改革，在一些重要领域和关键环节取得重大进展，以行政审批制度为改革的突破口，大力推动政府职能转变，为党和国家事业取得历史性成就、发生历史性变革提供了有力保障。

当前，中国特色社会主义进入新时代。面对新时代提出的新要求，党和国家机构设置和职能配置还存在“两个还不完全适应”的问题。主要表现为：一些政府机构设置和职责划分不够科学，职责缺位和效能不高问题凸显，政府职能转变还不到位，机构重叠、职责交叉、权责脱节问题比较突出。基层机构设置和权力配置有待完善，组织群众、服务群众能力需要进一步提高。一些领域中央和地方权责划分不尽合理。一些领域权力运行制约和监督机制不够完善,滥用职权、以权谋私等问题依旧存在,这不仅影响到了清正廉洁,而且损害了广大人民群众的利益。这些障碍和弊端影响行政效率,急需通过深化党和国家机构改革,革故鼎新,从根本上加以解决。

坚持优化协同高效是党和国家机构改的重要原则之一。优化就是要科学合理、权责一致,协同就是要有统有分、有主有次,高效就是要履职到位、流程通畅。优化党和国家机构设置和职能配置,坚持一类事项原则上由一个部门统筹、一件事情原则上由一个部门负责,这将是解决职责不明、推诿扯皮、效能不高问题的主要思路。要准确把握深化党和国家机构改革的全面性,增强改革的系统性和协同性。这次机构改革是一次全面而深刻的变革,改革的范围包括党、政府、人大、政协、司法、群团、社会组织、事业单位,跨军地、中央和地方各层级机构等方面。一是优化政府机构设置和职能配置,补齐监管和服务的短板,把该管的事管到位、该放的权放到位、该提供的服务提供到位,全面提高政府效能,建设人民满意的服务型政府。要求合理配置宏观管理部门职能,深入推进简政放权,完善市场监管和执法体制,改革自然资源和生态环境管理体制,完善公共服务管理体制,强化事中事后监管。尤其是在简政放权方面,十八届三中全会《关于深化改革若干重大问题的决定》中明确提出两个"最大",即最大限度减少政府对市场资源的直接配置,最大限度减少政府对市场活动的直接干预。这两个"最大"是对"市场在资源配置中起决定性作用、更好发挥政府作用"的生动注解。简政放权将进一步激发市场主体的活力和经济发展的内生动力,更好地提高资源配置效率和公平性。二是统筹党政军群机构改革。要求完善党政机构布局,深化人大、政协和司法机构改革,深化群团组织改革,推进社会组织改革,加快推进事业单位改革,深化跨军地改革。三是合理设置地方机构。要求确保集中统一领导,赋予省级及以下机构更多自主权,构建简约高效的基层管理体制,规范垂直管理体制和地方分级管理体制等。"机者如神,难遇易失。"我们必须紧密团结在以习近平同志为核心的党中央周围,统一思想,坚定信心,抓住机遇,锐意改革,不折不扣全面落实深化党和国家机构改革的各项部署,围绕构建系统完备、科学规范、运行高效的党和国家机构职能体系的改革目标,把工作做细做深,为实现国家治理体系和治理能力的现代化提供有力的制度保障。

(二)深化党和国家机构改革,必须以国家治理体系和治理能力现代化为导向,坚持在法治轨道上进行,坚持改革和法治相统一

(1)推进国家治理体系和治理能力现代化作为全面深化改革的总目标,对于

中国的政治发展，乃至整个中国的社会主义现代化事业来说，具有重大而深远的理论意义和现实意义。

国家治理体系和治理能力是一个国家的制度和制度执行能力的集中体现，两者相辅相成。我们的国家治理体系和治理能力总体上是好的，是有独特优势的，是适应我国国情和发展要求的。同时，我们在国家治理体系和治理能力方面还有许多亟待改进的地方，在提高国家治理能力上需要下更大气力。只有以提高党的执政能力为重点，尽快把我们各级干部、各方面管理者的思想政治素质、科学文化素质、工作本领都提高起来，尽快把党和国家机关、企事业单位、人民团体、社会组织等的工作能力都提高起来，国家治理体系才能更加有效运转。

推进国家治理体系和治理能力现代化，必须完整理解和把握全面深化改革的总目标，这是两句话组成的一个整体，即完善和发展中国特色社会主义制度、推进国家治理体系和治理能力现代化。我们的方向就是中国特色社会主义道路。

习近平强调，一个国家选择什么样的治理体系，是由这个国家的历史传承、文化传统、经济社会发展水平决定的，是由这个国家的人民决定的。我国今天的国家治理体系，是在我国历史传承、文化传统、经济社会发展的基础上长期发展、渐进改进、内生性演化的结果。我国国家治理体系需要改进和完善，但怎么改、怎么完善，我们要有主张、有定力。中华民族是一个兼容并蓄、海纳百川的民族，在漫长历史进程中，不断学习他人的好东西，把他人的好东西化成我们自己的东西，这才形成我们的民族特色。没有坚定的制度自信就不可能有全面深化改革的勇气，同样，离开不断改革，制度自信也不可能彻底、不可能久远。我们全面深化改革，是要使中国特色社会主义制度更好；我们说坚定制度自信，不是要固步自封，而是要不断革除体制机制弊端，让我们的制度成熟而持久。

习近平指出，推进国家治理体系和治理能力现代化，要大力培育和弘扬社会主义核心价值体系和核心价值观，加快构建充分反映中国特色、民族特性、时代特征的价值体系。坚守我们的价值体系，坚守我们的核心价值观，必须发挥文化的作用。民族文化是一个民族区别于其他民族的独特标识。要加强对中华优秀传统文化的挖掘和阐发，努力实现中华传统美德的创造性转化、创新性发展，把跨越时空、超越国度、富有永恒魅力、具有当代价值的文化精神弘扬起来，把继承优秀传统文化又弘扬时代精神、立足本国又面向世界的当代中国文化创新成果传播出去。只要中华民族一代接着一代追求美好崇高的道德境界，我们的民族就永远充满希望。

(2) 党和国家机构改革必须要坚持全面依法治国。依法治国是党领导人民治理国家的基本方式。2014年,习近平总书记在中央全面深化改革领导小组第二次会议上的讲话中指出,“凡属重大改革都要于法有据。在整个改革过程中,都要高度重视运用法治思维和法治方式,发挥法治的引领和推动作用,加强对相关立法工作的协调,确保在法治轨道上推进改革。”改革和法治相辅相成、相伴而生。深化党和国家机构改革,必须以国家治理体系和治理能力现代化为导向,坚持在法治轨道上进行,坚持改革和法治相统一、相促进,依法依规完善党和国家机构职能。

二、党和国家机构改革的任务

(一)深化党中央机构改革

深化党中央机构改革,要着眼于健全加强党的全面领导的制度,优化党的组织机构,建立健全党对重大工作的领导体制机制,更好发挥党的职能部门作用,推进职责相近的党政机关合并设立或合署办公,优化部门职责,提高党把方向、谋大局、定政策、促改革的能力和定力,确保党的领导全覆盖,确保党的领导更加坚强有力。

(1)组建国家监察委员会。为加强党对反腐败工作的集中统一领导,实现党内监督和国家机关监督、党的纪律检查和国家监察有机统一,实现对所有行使公权力的公职人员监察全覆盖,将监察部、国家预防腐败局的职责,最高人民检察院查处贪污贿赂、失职渎职以及预防职务犯罪等反腐败相关职责整合,组建国家监察委员会,同中央纪律检查委员会合署办公,履行纪检、监察两项职责,实行一套工作机构、两个机关名称。

国家监察委员会由全国人民代表大会产生,接受全国人民代表大会及其常务委员会的监督。不再保留监察部、国家预防腐败局。

(2)组建中央全面依法治国委员会。中央全面依法治国委员会,负责全面依法治国的顶层设计、总体布局、统筹协调、整体推进、督促落实,作为党中央决策议事协调机构。中央全面依法治国委员会办公室设在司法部。

(3)组建中央审计委员会。为加强党中央对审计工作的领导,构建集中统一、全面覆盖、权威高效的审计监督体系,更好发挥审计监督作用,组建中央审计委员会,作为党中央决策议事协调机构。中央审计委员会办公室设在审计署。

(4)中央全面深化改革领导小组、中央网络安全和信息化领导小组、中央财经领导小组、中央外事工作领导小组改为中央全面深化改革委员会、中央网络安全和信息化委员会、中央财经委员会、中央外事工作委员会,负责相关领域重大工作的顶层设计、总体布局、统筹协调、整体推进、督促落实。4个委员会的办事机构分别为中央全面深化改革委员会办公室、中央网络安全和信息化委员会办公室、中央财经委员会办公室、中央外事工作委员会办公室。

(5)组建中央教育工作领导小组。为加强党中央对教育工作的集中统一领导,全面贯彻党的教育方针,加强教育领域党的建设,做好学校思想政治工作,落实立德树人根本任务,深化教育改革,加快教育现代化,办好人民满意的教育,组建中央教育工作领导小组,作为党中央决策议事协调机构。中央教育工作领导小组秘书组设在教育部。

(6)组建中央和国家机关工作委员会。为加强中央和国家机关党的建设,落实全面从严治党要求,深入推进党的建设新的伟大工程,统一部署中央和国家机关党建工作,整合资源、形成合力,将中央直属机关工作委员会和中央国家机关工作委员会的职责整合,组建中央和国家机关工作委员会,作为党中央派出机构。不再保留中央直属机关工作委员会、中央国家机关工作委员会。

(7)组建新的中央党校(国家行政学院)。党校是我们党教育培训党员领导干部的主渠道。为全面加强党对干部培训工作的集中统一领导,统筹谋划干部培训工作,统筹部署重大理论研究,统筹指导全国各级党校(行政学院)工作,将中央党校和国家行政学院的职责整合,组建新的中央党校(国家行政学院),实行一个机构两块牌子,作为党中央直属事业单位。

(8)组建中央党史和文献研究院。为加强党的历史和理论研究,统筹党史研究、文献编辑和著作编译资源力量,构建党的理论研究综合体系,促进党的理论研究和党的实践研究相结合,打造党的历史和理论研究高端平台,将中央党史研究室、中央文献研究室、中央编译局的职责整合,组建中央党史和文献研究院,作为党中央直属事业单位。中央党史和文献研究院对外保留中央编译局牌子。不再保留中央党史研究室、中央文献研究室、中央编译局。

(9)中央组织部统一管理中央机构编制委员会办公室。为加强党对机构编制和机构改革的集中统一领导,理顺机构编制管理和干部管理的体制机制,调整优化中央机构编制委员会领导体制,作为党中央决策议事协调机构,统筹负责党和国家机构职能编制工作。中央机构编制委员会办公室作为中央机构编制委员会的办事机构,承担中央机构编制委员会日常工作,归口中央组织部管理。

(10)中央组织部统一管理公务员工作。为更好落实党管干部原则,加强党对公务员队伍的集中统一领导,更好统筹干部管理,建立健全统一规范高效的公务员管理体制,将国家公务员局并入中央组织部。中央组织部对外保留国家公务员局牌子。不再保留单设的国家公务员局。

(11) 中央宣传部统一管理新闻出版工作。将国家新闻出版广电总局的新闻出版管理职责划入中央宣传部。中央宣传部对外加挂国家新闻出版署(国家版权局)牌子。

(12) 中央宣传部统一管理电影工作。为更好发挥电影在宣传思想和文化娱乐方面的特殊重要作用,发展和繁荣电影事业,将国家新闻出版广电总局的电影管理职责划入中央宣传部。中央宣传部对外加挂国家电影局牌子。

(13) 中央统战部统一领导国家民族事务委员会。为加强党对民族工作的集中统一领导,将民族工作放在统战工作大局下统一部署、统筹协调、形成合力,更好贯彻落实党的民族工作方针,更好协调处理民族工作中的重大事项,将国家民族事务委员会归口中央统战部领导。国家民族事务委员会仍作为国务院组成部门。

(14) 中央统战部统一管理宗教工作。为加强党对宗教工作的集中统一领导,全面贯彻党的宗教工作基本方针,坚持我国宗教的中国化方向,统筹统战和宗教等资源力量,积极引导宗教与社会主义社会相适应,将国家宗教事务局并入中央统战部。中央统战部对外保留国家宗教事务局牌子。不再保留单设的国家宗教事务局。

(15) 中央统战部统一管理侨务工作。为加强党对海外统战工作的集中统一领导,更加广泛地团结联系海外侨胞和归侨侨眷,更好发挥群众团体作用,将国务院侨务办公室并入中央统战部。中央统战部对外保留国务院侨务办公室牌子。国务院侨务办公室海外华人华侨社团联谊等职责划归中国侨联行使,发挥中国侨联作为党和政府联系广大归侨侨眷和海外侨胞的桥梁纽带作用。

不再保留单设的国务院侨务办公室。

(16) 优化中央网络安全和信息化委员会办公室职责。为维护国家网络空间安全和利益,将国家计算机网络与信息安全管理中心由工业和信息化部管理调整为由中央网络安全和信息化委员会办公室管理。

(17) 不再设立中央维护海洋权益工作领导小组。为坚决维护国家主权和海洋权益,更好统筹外交外事与涉海部门的资源和力量,将维护海洋权益工作纳入中央外事工作全局中统一谋划、统一部署,不再设立中央维护海洋权益工作领导小组,有关职责交由中央外事工作委员会及其办公室承担,在中央外事工作委员会办公室内设维护海洋权益工作办公室。

(18) 不再设立中央社会治安综合治理委员会及其办公室。为加强党对政法工作和社会治安综合治理等工作的统筹协调，加快社会治安防控体系建设，不再设立中央社会治安综合治理委员会及其办公室，有关职责交由中央政法委员会承担。

(19) 不再设立中央维护稳定工作领导小组及其办公室。为加强党对政法工作的集中统一领导，更好统筹协调政法机关资源力量，强化维稳工作的系统性，推进平安中国建设，不再设立中央维护稳定工作领导小组及其办公室，有关职责交由中央政法委员会承担。

(20) 将中央防范和处理邪教问题领导小组及其办公室职责划归中央政法委员会、公安部。为更好统筹协调执政安全和社会稳定工作，建立健全党委和政府领导、部门分工负责、社会协同参与的防范治理邪教工作机制，发挥政法部门职能作用，提高组织、协调、执行能力，形成工作合力和常态化工作机制，将防范和处理邪教工作职责交由中央政法委员会、公安部承担。

(二) 深化全国人民代表大会机构改革

(1) 组建全国人大社会建设委员会。为适应统筹推进"五位一体"总体布局需要，加强社会建设，创新社会管理，更好保障和改善民生，推进社会领域法律制度建设，整合全国人大内务司法委员会、财政经济委员会、教育科学文化卫生委员会的相关职责，组建全国人大社会建设委员会，作为全国人大专门委员会。

(2) 全国人大内务司法委员会更名为全国人大监察和司法委员会。为健全党和国家监督体系，适应国家监察体制改革需要，促进国家监察工作顺利开展，将全国人大内务司法委员会更名为全国人大监察和司法委员会。

(3) 全国人大法律委员会更名为全国人大宪法和法律委员会。为弘扬宪法精神，增强宪法意识，维护宪法权威，加强宪法实施和监督，推进合宪性审查工作，将全国人大法律委员会更名为全国人大宪法和法律委员会。全国人大宪法和法律委员会在继续承担统一审议法律草案工作的基础上，增加推动宪法实施、开展宪法解释、推进合宪性审查、加强宪法监督、配合宪法宣传等职责。

(三) 深化国务院机构改革

深化国务院机构改革，要着眼于转变政府职能，坚决破除制约使市场在资源配置中起决定性作用、更好发挥政府作用的体制机制弊端，围绕推动高质量发展，建设现代化经济体系，加强和完善政府经济调节、市场监管、社会管理、公共服务、生态环境保护职能，结合新的时代条件和实践要求，着力推进重点领域、关键环节的机构职能优化和调整，构建起职责明确、依法行政的政府治理体系，增强政府公信力和执行力，加快建设人民满意的服务型政府。

(1) 组建自然资源部。建设生态文明是中华民族永续发展的千年大计。必须树立和践行绿水青山就是金山银山的理念，统筹山水林田湖草系统治理。为统一行使全民所有自然资源资产所有者职责，统一行使所有国土空间用途管制和生态保护修复职责，着力解决自然资源所有者不到位、空间规划重叠等问题，将国土资源部的职责，国家发展和改革委员会的组织编制主体功能区规划职责，住房和城乡建设部的城乡规划管理职责，水利部的水资源调查和确权登记管理职责，农业部的草原资源调查和确权登记管理职责，国家林业局的森林、湿地等资源调查和确权登记管理职责，国家海洋局的职责，国家测绘地理信息局的职责整合，组建自然资源部，作为国务院组成部门。自然资源部对外保留国家海洋局牌子。

不再保留国土资源部、国家海洋局、国家测绘地理信息局。

(2) 组建生态环境部。保护环境是我国的基本国策，要像对待生命一样对待生态环境，实行最严格的生态环境保护制度，形成绿色发展方式和生活方式，着力解决突出环境问题。为整合分散的生态环境保护职责，统一行使生态和城乡各类污染排放监管与行政执法职责，加强环境污染治理，保障国家生态安全，建设美丽中国，将环境保护部的职责，国家发展和改革委员会的应对气候变化和减排职责，国土资源部的监督防止地下水污染职责，水利部的编制水功能区划、排污口设置管理、流域水环境保护职责，农业部的监督指导农业面源污染治理职责，国家海洋局的海洋环境保护职责，国务院南水北调工程建设委员会办公室的南水北调工程项目区环境保护职责整合，组建生态环境部，作为国务院组成部门。生态环境部对外保留国家核安全局牌子。不再保留环境保护部。

(3) 组建农业农村部。农业农村农民问题是关系国计民生的根本性问题，必须始终把解决好“三农”问题作为全党工作重中之重。为加强党对“三农”工作的集中统一领导，坚持农业农村优先发展，统筹实施乡村振兴战略，推动农业全面升级、农村全面进步、农民全面发展，加快实现农业农村现代化，将中央农村工作领导小组办公室的职责，农业部的职责，以及国家发展和改革委员会的农业投资项目、财政部的农业综合开发项目、国土资源部的农田整治项目、水利部的农田水利建设项目等管理职责整合，组建农业农村部，作为国务院组成部门。中央农村工作领导小组办公室设在农业农村部。不再保留农业部。

(4) 组建文化和旅游部。满足人民过上美好生活新期待，必须提供丰富的精神食粮。为增强和彰显文化自信，坚持中国特色社会主义文化发展道路，统筹文化事业、文化产业发展和旅游资源开发，提高国家文化软实力和中华文化影响力，将文化部、国家旅游局的职责整合，组建文化和旅游部，作为国务院组成部门。

(5) 组建国家卫生健康委员会。人民健康是民族昌盛和国家富强的重要标志。为推动实施健康中国战略，树立大卫生、大健康理念，把以治病为中心转变到以人民健康为中心，预防控制重大疾病，积极应对人口老龄化，加快老龄事业和产业发展，为人民群众提供全方位全周期健康服务，将国家卫生和计划生育委员会、国务院深化医药卫生体制改革领导小组办公室、全国老龄工作委员会办公室的职责，工业和信息化部的牵头《烟草控制框架公约》履约工作职责，国家安全生产监督管理总局的职业安全健康监督管理职责整合，组建国家卫生健康委员会，作为国务院组成部门。

保留全国老龄工作委员会，日常工作由国家卫生健康委员会承担。民政部代管的中国老龄协会改由国家卫生健康委员会代管。国家中医药管理局由国家卫生健康委员会管理。不再保留国家卫生和计划生育委员会。不再设立国务院深化医药卫生体制改革领导小组办公室。

(6) 组建退役军人事务部。为维护军人军属合法权益，加强退役军人服务保障体系建设，建立健全集中统一、职责清晰的退役军人管理保障体制，让军人成为全社会尊崇的职业，将民政部的退役军人优抚安置职责，人力资源和社会保障部的军官转业安置职责，以及中央军委政治工作部、后勤保障部有关职责整合，组建退役军人事务部，作为国务院组成部门。

(7) 组建应急管理部。提高国家应急管理能力和水平，提高防灾减灾救灾能力，确保人民群众生命财产安全和社会稳定，是我们党治国理政的一项重大任务。为防范化解重特大安全风险，健全公共安全体系，整合优化应急力量和资源，推动形成统一指挥、专常兼备、反应灵敏、上下联动、平战结合的中国特色应急管理体制，将国家安全生产监督管理总局的职责，国务院办公厅的应急管理职责，公安部的消防管理职责，民政部的救灾职责，国土资源部的地质灾害防治、水利部的水旱灾害防治、农业部的草原防火、国家林业局的森林防火相关职责，中国地震局的震灾应急救援职责以及国家防汛抗旱总指挥部、国家减灾委员会、国务院抗震救灾指挥部、国家森林防火指挥部的职责整合，组建应急管理部，作为国务院组成部门。中国地震局、国家煤矿安全监察局由应急管理部管理。不再保留国家安全生产监督管理总局。

(8) 重新组建科学技术部。创新是引领发展的第一动力，是建设现代化经济体系的战略支撑。为更好实施科教兴国战略、人才强国战略、创新驱动发展战略，加强国家创新体系建设，优化配置科技资源，推动建设高端科技创新人才队伍，健全技术创新激励机制,加快建设创新型国家,将科学技术部、国家外国专家局的职责整合,重新组建科学技术部,作为国务院组成部门。科学技术部对外保留国家外国专家局牌子。国家自然科学基金委员会改由科学技术部管理。

(9) 重新组建司法部。全面依法治国是国家治理的一场深刻革命,必须在党的领导下,遵循法治规律,创新体制机制,全面深化依法治国实践。为贯彻落实全面依法治国基本方略,加强党对法治政府建设的集中统一领导,统筹行政立法、行政执法、法律事务管理和普法宣传,推动政府工作纳入法治轨道,将司法部和国务院法制办公室的职责整合,重新组建司法部,作为国务院组成部门。不再保留国务院法制办公室。

(10) 优化审计署职责。改革审计管理体制,保障依法独立行使审计监督权,是健全党和国家监督体系的重要内容。为整合审计监督力量,减少职责交叉分散,避免重复检查和监督盲区,增强监督效能,将国家发展和改革委员会的重大项目稽察、财政部的中央预算执行情况和其他财政收支情况的监督检查、国务院国有资产监督管理委员会的国有企业领导干部经济责任审计和国有重点大型企业监事会的职责划入审计署,相应对派出审计监督力量进行整合优化,构建统一高效审计监督体系。不再设立国有重点大型企业监事会。

(11) 组建国家市场监督管理总局。改革市场监管体系,实行统一的市场监管,是建立统一开放竞争有序的现代市场体系的关键环节。为完善市场监管体制,推动实施质量强国战略,营造诚实守信、公平竞争的市场环境,进一步推进市场监管综合执法、加强产品质量安全监管,让人民群众买得放心、用得放心、吃得放心,将国家工商行政管理总局的职责,国家质量监督检验检疫总局的职责,国家食品药品监督管理总局的职责,国家发展和改革委员会的价格监督检查与反垄断执法职责,商务部的经营者集中反垄断执法以及国务院反垄断委员会办公室等职责整合,组建国家市场监督管理总局,作为国务院直属机构。

组建国家药品监督管理局,由国家市场监督管理总局管理,主要职责是负责药品、化妆品、医疗器械的注册并实施监督管理。将国家质量监督检验检疫总局的出入境检验检疫管理职责和队伍划入海关总署。保留国务院食品安全委员会、国务院反垄断委员会,具体工作由国家市场监督管理总局承担。国家认证认可监督管理委员会、国家标准化管理委员会职责划入国家市场监督管理总局,对外保留牌子。不再保留国家工商行政管理总局、国家质量监督检验检疫总局、国家食品药品监督管理总局。

(12) 组建国家广播电视总局。为加强党对新闻舆论工作的集中统一领导,加强对重要宣传阵地的管理，牢牢掌握意识形态工作领导权，充分发挥广播电视媒体作为党的喉舌作用，在国家新闻出版广电总局广播电视管理职责的基础上组建国家广播电视总局，作为国务院直属机构。不再保留国家新闻出版广电总局。

(13) 组建中央广播电视总台。坚持正确舆论导向，高度重视传播手段建设和创新，提高新闻舆论传播力、引导力、影响力、公信力，是牢牢掌握意识形态工作领导权的重要抓手。为加强党对重要舆论阵地的集中建设和管理，增强广播电视媒体整体实力和竞争力，推动广播电视媒体、新兴媒体融合发展，加快国际传播能力建设，整合中央电视台（中国国际电视台）、中央人民广播电台、中国国际广播电台，组建中央广播电视总台，作为国务院直属事业单位，归口中央宣传部领导。撤销中央电视台（中国国际电视台）、中央人民广播电台、中国国际广播电台建制。对内保留原呼号，对外统一呼号为“中国之声”。

(14) 组建中国银行保险监督管理委员会。金融是现代经济的核心，必须高度重视防控金融风险、保障国家金融安全。为深化金融监管体制改革，解决现行体制存在的监管职责不清晰、交叉监管和监管空白等问题，强化综合监管，优化监管资源配置，更好统筹系统重要性金融机构监管，逐步建立符合现代金融特点、统筹协调监管、有力有效的现代金融监管框架，守住不发生系统性金融风险的底线，将中国银行业监督管理委员会和中国保险监督管理委员会的职责整合，组建中国银行保险监督管理委员会，作为国务院直属事业单位。

将中国银行业监督管理委员会和中国保险监督管理委员会拟订银行业、保险业重要法律法规草案和审慎监管基本制度的职责划入中国人民银行。不再保留中国银行业监督管理委员会、中国保险监督管理委员会。

(15) 组建国家国际发展合作署。为充分发挥对外援助作为大国外交的重要手段作用，加强对外援助的战略谋划和统筹协调，推动援外工作统一管理，改革优化援外方式，更好服务国家外交总体布局和共建“一带一路”等，将商务部对外援助工作有关职责、外交部对外援助协调等职责整合，组建国家国际发展合作署，作为国务院直属机构。

(16) 组建国家医疗保障局。医疗保险制度对于保障人民群众就医需求、减轻医药费用负担、提高健康水平有着重要作用。为完善统一的城乡居民基本医疗保险制度和大病保险制度，不断提高医疗保障水平，确保医保资金合理使用、安全可控，推进医疗、医保、医药“三医联动”改革，更好保障病有所医，将人力资源和社会保障部的城镇职工和城镇居民基本医疗保险、生育保险职责，国家卫生和计划生育委员会的新型农村合作医疗职责，国家发展和改革委员会的药品和医疗服务价格管理职责,民政部的医疗救助职责整合,组建国家医疗保障局,作为国务院直属机构。

(17) 组建国家粮食和物资储备局。为加强国家储备的统筹规划,构建统一的国家物资储备体系,强化中央储备粮棉的监督管理,提升国家储备应对突发事件的能力,将国家粮食局的职责,国家发展和改革委员会的组织实施国家战略物资收储、轮换和管理,管理国家粮食、棉花和食糖储备等职责,以及民政部、商务部、国家能源局等部门的组织实施国家战略和应急储备物资收储、轮换和日常管理职责整合,组建国家粮食和物资储备局,由国家发展和改革委员会管理。

主要职责是,根据国家储备总体发展规划和品种目录,组织实施国家战略和应急储备物资的收储、轮换、管理,统一负责储备基础设施的建设与管理,对管理的政府储备、企业储备以及储备政策落实情况进行监督检查,负责粮食流通行业管理和中央储备粮棉行政管理等。

不再保留国家粮食局。

(18) 组建国家移民管理局。随着我国综合国力进一步提升,来华工作生活的外国人不断增加,对做好移民管理服务提出新要求。为加强对移民及出入境管理的统筹协调,更好形成移民管理工作合力,将公安部的出入境管理、边防检查职责整合,建立健全签证管理协调机制,组建国家移民管理局,加挂中华人民共和国出入境管理局牌子,由公安部管理。

(19) 组建国家林业和草原局。为加大生态系统保护力度,统筹森林、草原、湿地监督管理,加快建立以国家公园为主体的自然保护地体系,保障国家生态安全,将国家林业局的职责,农业部的草原监督管理职责,以及国土资源部、住房和城乡建设部、水利部、农业部、国家海洋局等部门的自然保护区、风景名胜区、自然遗产、地质公园等管理职责整合,组建国家林业和草原局,由自然资源部管理。国家林业和草原局加挂国家公园管理局牌子。不再保留国家林业局。

(20) 重新组建国家知识产权局。强化知识产权创造、保护、运用,是加快建设创新型国家的重要举措。为解决商标、专利分头管理和重复执法问题,完善知识产权管理体制,将国家知识产权局的职责、国家工商行政管理总局的商标管理职责、国家质量监督检验检疫总局的原产地地理标志管理职责整合,重新组建国家知识产权局,由国家市场监督管理总局管理。

(21) 国务院三峡工程建设委员会及其办公室、国务院南水北调工程建设委员会及其办公室并入水利部。目前,三峡主体工程建设任务已经完成,南水北调东线和中线工程已经竣工。为加强对重大水利工程建设和运行的统一管理,理顺职责关系，将国务院三峡工程建设委员会及其办公室、国务院南水北调工程建设委员会及其办公室并入水利部。由水利部承担三峡工程和南水北调工程的运行管理、后续工程建设管理和移民后期扶持管理等职责。不再保留国务院三峡工程建设委员会及其办公室、国务院南水北调工程建设委员会及其办公室。

（22）调整全国社会保障基金理事会隶属关系。为加强社会保障基金管理和监督，理顺职责关系，保证基金安全和实现保值增值目标，将全国社会保障基金理事会由国务院管理调整为由财政部管理，承担基金安全和保值增值的主体责任，作为基金投资运营机构，不再明确行政级别。

（23）改革国税地税征管体制。为降低征纳成本，理顺职责关系，提高征管效率，为纳税人提供更加优质高效便利服务，将省级和省级以下国税地税机构合并，具体承担所辖区域内各项税收、非税收入征管等职责。为提高社会保险资金征管效率，将基本养老保险费、基本医疗保险费、失业保险费等各项社会保险费交由税务部门统一征收。国税地税机构合并后，实行以国家税务总局为主与省（自治区、直辖市）政府双重领导管理体制。国家税务总局要会同省级党委和政府加强税务系统党的领导，做好党的建设、思想政治建设和干部队伍建设工作，优化各层级税务组织体系和征管职责，按照“瘦身”与“健身”相结合原则，完善结构布局和力量配置，构建优化高效统一的税收征管体系。

（四）深化全国政协机构改革

（1）组建全国政协农业和农村委员会。将全国政协经济委员会联系农业界和研究“三农”问题等职责调整到全国政协农业和农村委员会。

（2）全国政协文史和学习委员会更名为全国政协文化文史和学习委员会。将全国政协教科文卫体委员会承担的联系文化艺术界等相关工作调整到全国政协文化文史和学习委员会。

（3）全国政协教科文卫体委员会更名为全国政协教科卫体委员会。主要职责是，组织委员学习宣传党和国家教育、科技、卫生、体育方面的方针政策和法律法规，就教育、科技、卫生、体育问题开展调查研究，提出意见、建议和提案，团结和联系教育、科技、卫生、体育界委员反映社情民意。

（五）深化行政执法体制改革

（1）整合组建市场监管综合执法队伍。整合工商、质检、食品、药品、物价、商标、专利等执法职责和队伍，组建市场监管综合执法队伍，由国家市场监督管理总局指导。鼓励地方将其他直接到市场、进企业，面向基层、面对老百姓的执法队伍，如商务执法、盐业执法等，整合划入市场监管综合执法队伍。药品经营销售等行为的执法，由市县市场监管综合执法队伍统一承担。

(2) 整合组建生态环境保护综合执法队伍。整合环境保护和国土、农业、水利、海洋等部门相关污染防治和生态保护执法职责、队伍，统一实行生态环境保护执法。由生态环境部指导。

(3) 整合组建文化市场综合执法队伍。将旅游市场执法职责和队伍整合划入文化市场综合执法队伍，统一行使文化、文物、出版、广播电视、电影、旅游市场行政执法职责。由文化和旅游部指导。

(4) 整合组建交通运输综合执法队伍。整合交通运输系统内路政、运政等涉及交通运输的执法职责、队伍，实行统一执法。由交通运输部指导。

(5) 整合组建农业综合执法队伍。将农业系统内兽医兽药、生猪屠宰、种子、化肥、农药、农机、农产品质量等执法队伍整合，实行统一执法。由农业农村部指导。继续探索实行跨领域跨部门综合执法，建立健全综合执法主管部门、相关行业管理部门、综合执法队伍间协调配合、信息共享机制和跨部门、跨区域执法协作联动机制。对涉及的相关法律法规及时进行清理修订。

(六) 深化跨军地改革

(1) 公安边防部队改制。公安边防部队不再列武警部队序列，全部退出现役。公安边防部队转到地方后，成建制划归公安机关，并结合新组建国家移民管理局进行适当调整整合。现役编制全部转为人民警察编制。

(2) 公安消防部队改制。公安消防部队不再列武警部队序列，全部退出现役。公安消防部队转到地方后，现役编制全部转为行政编制，成建制划归应急管理部，承担灭火救援和其他应急救援工作，充分发挥应急救援主力军和国家队的作用。

(3) 公安警卫部队改制。公安警卫部队不再列武警部队序列，全部退出现役。公安警卫部队转到地方后，警卫局(处)由同级公安机关管理的体制不变，承担规定的警卫任务，现役编制全部转为人民警察编制。

(4) 海警队伍转隶武警部队。按照先移交、后整编的方式，将国家海洋局(中国海警局)领导管理的海警队伍及相关职能全部划归武警部队。

(5) 武警部队不再领导管理武警黄金、森林、水电部队。按照先移交、后整编的方式，将武警黄金、森林、水电部队整体移交国家有关职能部门，官兵集体转业改编为非现役专业队伍。武警黄金部队转为非现役专业队伍后，并入自然资源部，承担国家基础性公益性地质工作任务和多金属矿产资源勘查任务，现役编制转为财政补助事业编制。原有的部分企业职能划转中国黄金总公司。武警森林部队转为非现役专业队伍后，现役编制转为行政编制，并入应急管理部，承担森林灭火等应急救援任务，发挥国家应急救援专业队作用。武警水电部队转为非现役专业队伍后，充分利用原有的专业技术力量，承担水利水电工程建设任务，组建为国有企业，可继续使用中国安能建设总公司名称，由国务院国有资产监督管理委员会管理。

(6) 武警部队不再承担海关执勤任务。参与海关执勤的兵力一次性整体撤收，归建武警部队。为补充武警部队撤勤后海关一线监管力量缺口，海关系统要结合检验检疫系统整合，加大内部挖潜力度，同时通过核定军转编制接收一部分转业官兵，并通过实行购买服务、聘用安保人员等方式加以解决。

（七）深化群团组织改革

群团组织改革要认真落实党中央关于群团改革的决策部署，健全党委统一领导群团工作的制度，紧紧围绕保持和增强政治性、先进性、群众性这条主线，强化问题意识，以更大力度、更实举措推进改革，着力解决“机关化、行政化、贵族化、娱乐化”等问题，把群团组织建设得更加充满活力、更加坚强有力。

牢牢把握改革正确方向，始终坚持党对群团组织的领导，坚决贯彻党的意志和主张，自觉服从服务党和国家工作大局，找准工作结合点和着力点，落实以人民为中心的工作导向，增强群团组织的吸引力影响力。要聚焦突出问题，改革机关设置、优化管理模式、创新运行机制，坚持眼睛向下、面向基层，将力量配备、服务资源向基层倾斜，更好适应基层和群众需要。促进党政机构同群团组织功能有机衔接，支持和鼓励群团组织承接适合由群团组织承担的公共服务职能，增强群团组织团结教育、维护权益、服务群众功能，充分发挥党和政府联系人民群众的桥梁纽带作用。加强组织领导，加强统筹协调，加强分类指导，加强督察问责，认真总结经验，切实把党中央对群团工作和群团改革的各项要求落到实处。

（八）深化地方机构改革

地方机构改革要全面贯彻落实党中央关于深化党和国家机构改革的决策部署，坚持加强党的全面领导，坚持省市县统筹、党政群统筹，根据各层级党委和政府的主要职责，合理调整和设置机构，理顺权责关系，改革方案按程序报批后组织实施。

深化地方机构改革，要着力完善维护党中央权威和集中统一领导的体制机制，省市县各级涉及党中央集中统一领导和国家法制统一、政令统一、市场统一的机构职能要基本对应。赋予省级及以下机构更多自主权，突出不同层级职责特点，允许地方根据本地区经济社会发展实际，在规定限额内因地制宜设置机构和配置职能。统筹设置党政群机构，在省市县对职能相近的党政机关探索合并设立或合署办公，市县要加大党政机关合并设立或合署办公力度。借鉴经济发达镇行政管理体制改革试点经验，适应街道、乡镇工作特点和便民服务需要，构建简约高效的基层管理体制。

加强各级党政机构限额管理，地方各级党委机构限额与同级政府机构限额统一计算。承担行政职能的事业单位，统一纳入地方党政机构限额管理。省级党政机构数额，由党中央批准和管理。市县两级党政机构数额，由省级党委实施严格管理。

强化机构编制管理刚性约束，坚持总量控制，严禁超编进人、超限额设置机构、超职数配备领导干部。结合全面深化党和国家机构改革，对编制进行整合规范，加大部门间、地区间编制统筹调配力度。在省(自治区、直辖市)范围内，打破编制分配之后地区所有、部门所有、单位所有的模式，随职能变化相应调整编制。

省级党政机构改革方案要在2018年9月底前报党中央审批，在2018年年底前机构调整基本到位。省以下党政机构改革，由省级党委统一领导，在2018年年底前报党中央备案。所有地方机构改革任务在2019年3月底前基本完成。

思考问题

1. 党和国家机构改革的基本原则是什么？
2. 党和国家机构改革的目标是什么？

参考文献

1. 刘霞. 充分认识深化党和国家机构改革的目标和任务，[EB/OL]. (2018-04-04)[2018-07-10]http://www.shm.com.cn/ytrb/html/，2018-04/04/content_3309455.htm.

2. 唐皇凤. 使命型政党：新时代中国共产党长期执政能力建设的政治基础[J]. 武汉大学学报(哲学社会科学版)，2018(3).

3. 许耀桐. 党的十九大报告提出深化机构改革的新特点[J]. 南海学刊，2018(1).

4. 汪玉凯. 党和国家的机构改革与治理现代化[J]. 领导科学论坛，2018(7).

专题四

深化国家监察体制改革　健全党和国家监督体系

2016年1月，习近平同志在十八届中央纪委六次全会上提出：要做好监督体系顶层设计，既加强党的自我监督，又加强对国家机器的监督。习近平说：监察对象要涵盖所有公务员。要坚持党对党风廉政建设和反腐败工作的统一领导，扩大监察范围，整合监察力量，健全国家监察组织架构，形成全面覆盖国家机关及其公务员的国家监察体系。

2017年10月17日，习近平同志在十九大报告中提出：深化国家监察体制改革，将试点工作在全国推开，组建国家、省、市、县监察委员会，同党的纪律检查机关合署办公，实现对所有行使公权力的公职人员监察全覆盖。

2018年3月11日，第十三届全国人民代表大会第一次会议第三次全体会议表决通过《中华人民共和国宪法修正案》，专门增写监察委员会一节，确立监察委员会作为国家机构的宪法地位；

3月18日，第十三届全国人民代表大会第一次会议第六次全体会议选举产生国家监察委员会主任；

3月20日，第十三届全国人民代表大会第一次会议闭幕会，表决通过《中华人民共和国监察法》；

3月21日，第十三届全国人大常务委员会第一次会议分别经表决，任命国家监察委员会副主任和委员。

3月23日，中华人民共和国国家监察委员会在北京揭牌，举行新任国家监察委员会副主任、委员宪法宣誓仪式。

在以习近平同志为核心的党中央坚强领导下，在党的十九大精神指引下，深化国家监察体制改革取得重大成果。第十三届全国人民代表大会第一次会议通过宪法修正案和监察法，产生国家监察委员会及其领导人员，标志着中国特色国家监察体制已经形成。

一、深化国家监察体制改革的目的

深化国家监察体制改革，是以习近平同志为核心的党中央从新时代党的历史使命出发作出的重大决策部署,是事关全局的重大政治体制改革。党的十九大对深化国家监察体制改革作出战略部署。第十三届全国人民代表大会第一次会议深入贯彻习近平新时代中国特色社会主义思想和党的十九大精神,表决通过《中华人民共和国宪法修正案》和《中华人民共和国监察法》,组建国家监察委员会,产生国家监察委员会领导人员,标志着国家监察体制改革取得重大成果,在党和国家反腐败斗争进程中具有里程碑意义。那么,我们党和国家深化国家监察体制改革,健全党和国家监督体系的根本目的是什么呢?国家监察体制改革,是为了加强党对反腐败工作的集中统一领导,构建集中统一、权威高效的国家监察体系。

首先,党的领导是中国特色社会主义最本质的特征,是中国特色社会主义制度的最大优势,党是最高政治领导力量。我们推进各领域改革,包括深化国家监察体制改革,都是为了坚持和加强党的领导,完善和发展中国特色社会主义制度,巩固党的执政基础,提高党的执政能力。

只有坚持在党的领导下深入开展反腐败斗争,才能取得压倒性胜利。腐败是我们党面临的最大威胁,是人民群众最痛恨的"毒瘤"。坚定不移反腐败,关乎人心向背,是一场输不起的斗争。党的十八大以来,以习近平同志为核心的党中央深刻认识到党面临"四大考验""四种危险"的严峻性和复杂性,以"得罪千百人,不负十三亿"的使命担当,重拳反腐、重典治弊,猛药去疴、刮骨疗毒,坚决整治人民群众反映最强烈、对党长期执政威胁最大的腐败问题,清除党和国家的重大政治隐患,挽狂澜于既倒,扶大厦之将倾,形成了反腐败斗争的压倒性态势并巩固发展。同时也要看到,防治腐败具有长期性、复杂性、艰巨性。党的十九大郑重告诫全党,反腐败斗争形势依然严峻复杂,巩固压倒性态势、夺取压倒性胜利的决心必须坚如磐石。实践证明,坚持和加强党的领导是反腐败工作的根本保证。只有中国共产党才能站在政治和全局的高度,作出反腐败斗争的科学决策部署,坚持有腐必反、有贪必肃,"老虎""苍蝇"一起打,深化标本兼治;也只有坚持在党的领导下深入开展反腐败斗争,才能营造风清气正的政治生态,增强全党"四个意识""四个自信"的政治自觉,坚决维护以习近平同志为核心的党中央权威和集中统一领导,切实提高党的凝聚力和战斗力。

其次,党的领导是国家监察体制改革顺利推进的根本保证。深化国家监察体制改革是以习近平同志为核心的党中央作出的重大决策。习近平总书记 6 次主持召开中央政治局会议、中央政治局常委会会议和中央全面深化改革领导小组会议专题研究,审议通过改革和试点方案,对改革作出顶层设计,明确了试点工作的时间表和路线图。党的十八届六中全会、十八届中央纪委第七次全会、"7·26"重要讲话和党的十九大又进一步作出重大部署，党的十九大旗帜鲜明将“党统一指挥”作为构建党内监督同国家机关监督、民主监督、司法监督、群众监督、舆论监督贯通起来的新的国家监督体系的第一位要求。党中央确定的改革试点方案，始终强调切实加强党的领导，要求各级党组织担负起主体责任，把党的领导作为改革顺利开展的最根本保证。综观深化国家监察体制改革全过程，从局部试点到全面推开再通过修改宪法和制定监察法予以确认和规范，改革不断取得新进展、获得新成就，都是坚持党中央统一领导和指挥的结果。

最后，全新国家监察体系有利于不断强化党和国家监督效能。习近平总书记指出：“产生腐败问题的一个重要原因，是一些体制机制存在漏洞，必须坚持以改革思路推进工作，加强制度创新。”长期以来，反腐败体制机制在相当程度上存在监察覆盖面过窄、反腐败力量分散、纪法衔接不畅等突出问题，削弱了反腐败斗争的政治效果和社会效果。深化国家监察体制改革，就是要把分散的行政监察部门、预防腐败机构和检察机关的查处贪污贿赂、失职渎职以及预防职务犯罪等部门工作力量整合起来，把反腐败资源集中起来，把执纪和执法贯通起来，组建国家、省、市、县四级监察委员会，作为党统一领导下的国家反腐败工作机构。构建新的国家监察体系，攥指成拳，形成合力，是推动反腐败斗争向纵深发展的重大制度设计，有利于不断提高和强化党和国家的监督效能。党的纪律检查委员会与监察委员会合署办公，把纪检监察的领导权牢牢掌握在党的手里，从组织形式、职能定位、决策程序上将党对反腐败工作的统一领导加以具体化，决策指挥、资源力量、措施手段更加集中统一，党领导的反腐败工作体系更加科学完备。

二、监察委员会的宪法规定及其职责定位

宪法是对国家权力运行体制机制等重要问题的原则性、纲领性规定。此次宪法修改建议中，用一节对监察委员会作出规定，充分彰显了监察委员会在国家治理体系中的重要作用，也为深化国家监察体制改革、保证监察委员会履职尽责提供了根本遵循。

一是监察委员会的性质和地位。《中华人民共和国宪法》第一百二十三条规定：“中华人民共和国各级监察委员会是国家的监察机关”，明确了监察委员会的性质和地位。在国家权力结构中设置监察机关，是从我国历史传统和现实国情出发加强对公权力监督的重大改革创新，体现了中国特色社会主义道路自信、理论自信、制度自信、文化自信。监察委员会作为行使国家监察职能的专责机关，与党的纪律检查委员会合署办公，实现党性和人民性的高度统一。监察委员会是实现党和国家自我监督的政治机关，不是行政机关、司法机关。其依法行使的监察权，

不是行政监察、反贪反渎、预防腐败职能的简单叠加，而是在党直接领导下，代表党和国家对所有行使公权力的公职人员进行监督，既调查职务违法行为，又调查职务犯罪行为，其职能权限与司法机关、执法部门明显不同。同时，监察委员会在履行职责过程中，既要加强日常监督、查清职务违法犯罪事实，进行相应处置，还要开展严肃的思想政治工作，进行理想信念宗旨教育，做到惩前毖后、治病救人，努力取得良好的政治效果、法纪效果和社会效果。

二是监察委员会的名称、人员组成、任期任届和职能职责。《中华人民共和国宪法》第一百二十四条规定："中华人民共和国设立国家监察委员会和地方各级监察委员会。监察委员会由下列人员组成：主任，副主任若干人，委员若干人。监察委员会主任每届任期同本级人民代表大会每届任期相同。国家监察委员会主任连续任职不得超过两届。监察委员会的组织和职权由法律规定。"这明确了监察委员会的基本构成要素。依据宪法规定和改革实践，正在制定的监察法将要对国家、省、市、县设立监察委员会作出具体规定。国家一级监察委员会名称前冠以"国家"，体现由行政监察"小监察"变为国家监察"大监察"，表明了最高一级国家机构的地位；地方各级监察委员会名称采用行政区划＋"监察委员会"的表述方式。监察委员会主任由本级人民代表大会选举产生，副主任和委员由主任提请本级人民代表大会常务委员会任免。各级监察委员会可以向本级党的机关、国家机关、经法律法规授权或者委托管理公共事务的组织和单位以及所管辖的行政区域、国有企业等派驻或者派出监察机构、监察专员。监察机关的主要职能是调查职务违法和职务犯罪，开展廉政建设和反腐败工作，维护宪法和法律的尊严；主要职责是监督、调查、处置；主要权限包括谈话、讯问、询问、查询、冻结、调取、查封、扣押、搜查、勘验检查、鉴定、留置等。

三是监察委员会的领导体制和工作机制。《中华人民共和国宪法》第一百二十五条规定："中华人民共和国国家监察委员会是最高监察机关。国家监察委员会领导地方各级监察委员会的工作，上级监察委员会领导下级监察委员会的工作。"第一百二十六条规定："国家监察委员会对全国人民代表大会和全国人民代表大会常务委员会负责。地方各级监察委员会对产生它的国家权力机关和上一级监察委员会负责。"对这两条应当统一起来理解、贯通起来把握。一方面，为保证党对反腐败工作的集中统一领导，党的纪律检查机关同监察委员会合署办公，履行纪检、监察两项职责，在领导体制上与纪委的双重领导体制高度一致。监察委员会在行使权限时，重要事项需由同级党委批准；国家监察委员会领导地方各级监察委员会的工作，上级监察委员会领导下级监察委员会的工作，地方各级监察委员会要对上一级监察委员会负责。另一方面，监察委员会由人民代表大会产生，就必然要对人民代表大会及其常务委员会负责，并接受其监督。在深化国家监察体制改革试点中，试点地区创造出许多有利于人大及其常委会实现对监察委员会监督的好形式好方法。

四是监察委员会与其他机关的配合制约关系。《中华人民共和国宪法》第一百二十七条规定："监察委员会依照法律规定独立行使监察权，不受行政机关、社会团体和个人的干涉。监察机关办理职务违法和职务犯罪案件，应当与审判机关、检察机关、执法部门互相配合、互相制约。"审判机关指的是各级人民法院；检察机关指的是各级人民检察院；执法部门包括公安机关、国家安全机关、审计机关、行政执法机关等。监察机关履行监督、调查、处置职责，行使调查权限，是依据法律授权，行政机关、社会团体和个人无权干涉。同时，有关单位和个人应当积极协助配合监察委员会行使监察权。目前在实际工作中，纪检监察机关不仅同审判机关、检察机关形成了互相配合、互相制约关系，同执法部门也形成互相配合、制约的工作联系。审计部门发现领导干部涉嫌违纪违法问题线索，要按规定移送相关纪检监察机关调查处置；纪检监察机关提出采取技术调查、限制出境等措施的请求后，公安机关与相关部门要对适用对象、种类、期限、程序等进行严格审核并批准；在对生产安全责任事故的调查中，由安监、质检、食药监等部门同监察部门组成联合调查组，实地调查取证，共同研究分析事故的性质和责任，确定责任追究的范围和形式。监察委员会成立后，对涉嫌职务犯罪的行为，监察委员会调查终结后移送检察机关依法审查、提起公诉，由人民法院负责审判；对监察机关移送的案件，检察机关经审查后认为需要补充核实的，应退回监察机关进行补充调查，必要时还可自行补充侦查。在宪法中对这种关系作出明确规定，是将客观存在的工作关系制度化法律化，可确保监察权依法正确行使，并受到严格监督。

通过分析宪法和国家监察法对国家监察委员会的规定，我们可以认为国家监察委员会的定位主要有：

政治机关的性质。我国监察法规定：各级监察委员会是行使国家监察职能的专责机关。监察委员会是实现党和国家自我监督的政治机关，不是行政机关、司法机关。其依法行使的监察权，不是行政监察、反贪反渎、预防腐败职能的简单叠加，而是在注重监督的基础上，既调查职务违法行为，又调查职务犯罪行为，其职能权限与司法机关、执法部门明显不同。监察委员会在履行职责过程中，既要加强日常监督，查清职务违法犯罪事实，进行相应处置，还要开展严肃的思想政治工作，进行理想信念宗旨教育，做到惩前毖后、治病救人，努力取得良好的政治效果、法纪效果和社会效果。

监督调查处置职责。监察委员会依法履行三项职责：一是监督，对公职人员开展廉政教育，对其依法履职、秉公用权、廉洁从政从业以及道德操守情况进行监督检查。二是调查，对涉嫌贪污贿赂、滥用职权、玩忽职守、权力寻租、利益输送、徇私舞弊以及浪费国家资财等职务违法和职务犯罪进行调查。三是处置，对违法的公职人员依法作出政务处分决定，对履行职责不力、失职失责的领导人员进行问责，对涉嫌职务犯罪的，将调查结果移送人民检察院依法审查、提起公诉，向监察对象所在单位提出监察建议。监察委员会的监督调查处置职责与纪委的监督执纪问责职责具有高度的匹配性。监察委员会的调查措施，包括谈话、讯问、询问、查询、冻结、调取、查封、扣押、搜查、勘验检查、鉴定、留置等12项措施，一方面将原来行政监察法规定的措施细化完善，另一方面将纪检监察实践中运用的谈话、询问等措施确定为法定权限，都是实践中实际使用、比较成熟的做法。

实现对所有行使公权力的公职人员监察全覆盖。监察法规定，监察机关对下列公职人员和有关人员进行监察：一是中国共产党机关、人民代表大会及其常务委员会机关、人民政府、监察委员会、人民法院、人民检察院、中国人民政治协商会议各级委员会机关、民主党派机关和工商业联合会机关的公务员，以及参照《中华人民共和国公务员法》管理的人员；二是法律、法规授权或者受国家机关依法委托管理公共事务的组织中从事公务的人员；三是国有企业管理人员；四是公办的教育、科研、文化、医疗卫生、体育等单位中从事管理的人员；五是基层群众性自治组织中从事管理的人员；六是其他依法履行公职的人员。监察法与行政监察法相比，将依法监督“狭义政府”转变为依法监督“广义政府”行使公权力的公职人员，填补了监督对象上的空白。同时，监察法专设监察程序一章，从审批权限、操作规范、调查时限等方面，对监督、调查、处置工作程序作出规定，特别是对留置措施规定了严格的程序和界限条件，切实保护被调查人的合法权益。

既接受党委领导，也接受人大监督。第十三届全国人民代表大会第一次会议通过的宪法修正案，把“中国共产党领导是中国特色社会主义最本质的特征”写入宪法总纲第一条。监察法在总则中也明确规定，坚持中国共产党对国家监察工作的领导。监察委员会的领导体制和工作机制就是根据加强党的统一领导这一原则确定的。一方面，纪委监委合署办公是实行党的领导的方式，重要事项由同级党委批准；国家监委领导地方各级监委工作，上级监委领导下级监委工作，地方各级监委要对上一级监委负责。另一方面，监察委员会由人民代表大会产生，对人民代表大会及其常务委员会负责，并接受其监督。各级人大可通过听取和审议专项工作报告，组织执法检查，以及提出询问和质询的方式开展监督。这就强化了人民代表大会作为国家权力机关的监督职能，拓宽了人民监督权力的途径，使国家监督体系更加完备、科学、有效。

三、深化国家监察体制改革的意义

深化国家监察体制改革是以习近平同志为核心的党中央作出的事关全局的重大政治体制改革，是强化党和国家自我监督的重大决策部署，是推动全面从严治党向纵深发展的战略举措，是夺取反腐败斗争压倒性胜利的必然要求。党的十八大以来，以习近平同志为核心的党中央高度重视国家监察体制改革，多次对这项工作作出重要指示、提出明确要求，实行了从局部试点到全面推开再通过宪法法律确认的改革路径。在认真总结改革成果和经验的基础上，第十三届全国人民代表大会第一次会议在新修改的宪法中设专节规定了国家监察委员会和地方各级监察委员会的性质、地位、名称、人员组成、任期任届、领导体制和工作机制等重要内容，并审议通过监察法，使党的主张成为国家意志，使国家监察体制改革成果上升为宪法和法律规范。国家监察体制改革及其立法是我国政治生活中的一件大事，具有重大的现实意义和深远的历史意义。

（一）改革的制度意义：推进党和国家治理体系和治理能力现代化

以习近平同志为核心的党中央，从党肩负的历史使命、所处的历史方位出发，坚持问题导向，紧紧围绕“四个全面”战略布局，统筹全面深化改革、全面依法治国、全面从严治党三大战略举措，积极稳妥深化国家监察体制改革，着力强化体制机制制度建设，推进党和国家治理体系和治理能力现代化。

新的国家监察机关是全面深化改革的产物，是组织创新和制度创新的硕果。国家监察体制改革作为带有根本性、全局性的重大政治体制改革，涉及政治体制、政治权力和政治关系的重大调整，需要坚持正确的思想方法，坚持辩证法，处理好解放思想和实事求是的关系、整体推进和重点突破的关系、全局和局部的关系、顶层设计和摸着石头过河的关系、胆子要大和步子要稳的关系、改革发展稳定的关系，着力提高操作能力和执行力，确保中央决策部署及时准确落实到位。在改革过程中，我们党特别重视顶层设计、整体谋划，增强各项改革措施的关联性、系统性、协同性；鼓励支持地方、基层大胆探索、先行先试，及时总结经验，勇于推进理论和实践创新，不断加深对改革规律的认识。通过上下联动、持续发力的改革，有效解决了现有监察体制机制方面的突出问题，实现了组织创新和制度创新,推动建立了国家监察委员会和地方各级监察委员会,国家监察委员会由全国人民代表大会产生,对全国人民代表大会及其常务委员会负责并受其监督,县级以上地方各级监察委员会由同级人民代表大会产生,对同级人民代表大会和上一级监察委员会负责并受其监督,形成和发展了中国特色社会主义国家监察体系。

改革在法治下推进,法治在改革中完善。改革与法治相辅相成、相伴而生。国家监察体制改革始终坚持改革决策和立法决策相统一、相衔接,注重运用法治思维和法治方式推动保障改革,确保重大改革于法有据、立法主动适应改革需要。全国人民代表大会常务委员会先后两次专门作出改革试点工作的决定,明确试点范围、内容和要求,暂时调整或者暂时停止适用相关法律条款,赋予试点工作相应的合法性,保证改革始终在法治轨道上进行。在改革取得成功经验的基础上,第十三届全国人民代表大会第一次会议完成了宪法部分内容的修改,将审议通过监察法,在明确监察机关宪法法律地位的同时,规定监察工作的指导思想和领导体制、工作原则和工作方针、监察机关的产生、监察范围,依法赋予监察委员会职责权限和调查手段,用留置取代"两规"措施,严格规范监察程序,确立对监察机关和监察人员的监督措施等,把党的十八大以来在推进党风廉政建设和反腐败斗争中形成的新理念新举措新经验以法律的形式固定下来,解决了长期困扰我们的法治难题,具有坚实的政治基础、理论基础、实践基础和充分的法理支撑,彰显了我们党全面依法治国的坚定决心和高度自信,确保了反腐败斗争在规范化、制度化、法治化轨道上行稳致远。

知识链接

为何用留置取代"两规"

"两规"是《中国共产党纪律检查机关案件检查工作条例》第四章第二十八条"调查组有权按照规定程序,采取以下措施调查取证,有关组织和个人必须如实提供证据,不得拒绝和阻挠。"其中一项措施是"要求有关人员在规定时间、地点就案件所涉及的问题作出说明"。《中国共产党纪律检查机关案件检查工作条例》诞生于 1994 年。业内人士认为,在当时反腐形势严峻的情况下,为了办案需要,"不得已使用了'两规'"。监察中的留置是指监察机关在办理公职人员违法或职务犯罪案件中,经由一定的规范性程序,以决定限制被留置人员人身自由并控制在特定场所的措施。

以留置取代"两规"措施,这是用法治思维、法治方式惩治腐败。采用留置措施凸显了反腐败执法措施的规范化和强制力。留置以国家法律的方式正式确立，并由法定的主体监察委员会实施，具有法律上的合法地位，而且具有法律强制力。监察委员会在依法对涉嫌违纪、违法和职务犯罪行为的公职人员进行调查时，可以按照法定程序对被调查人采取留置措施，限定被调查人在法定场所接受调查。留置这一措施的实施更加规范、公正，蕴含着我国反腐败理念和模式变迁的基本逻辑，有效地提升了我国反腐败手段的规范化程度，是我国反腐败手段的理念和制度创新。采用留置措施凸显了依法治国和依规治党的有机衔接。监察委员会对调查的案件，依据法律收集证据，及时调查发现问题，对被调查对象具有依法主动采取留置措施的权力。留置扩大了监察范围，实现了对所有行使公权力的公职人员监察全覆盖。对采取留置措施调查的案件，涉嫌犯罪的，移送检察机关依法提起公诉留置期间获取的证据可直接作为诉讼证据，不再存在证据转换的问题；对于不构成犯罪但涉嫌违纪和违法的，依法作出党纪和政纪处理。留置措施的实施，既注重党纪与法律不相抵触，也注重党纪与法律相互衔接，从而提升党纪与法律的整体效应。

探索我们党自我净化的有效路径。坚持党要管党、全面从严治党，是实现中华民族伟大复兴中国梦的根本保证，也是我们党紧跟时代前进步伐、始终保持先进性和纯洁性的必然要求。全面从严治党，惩治这一手决不能放松。深化国家监察体制改革，就是要提高政治站位，保持战略定力，继续坚持无禁区、全覆盖、零容忍，坚持重遏制、强高压、长震慑，紧盯重点问题线索、重点部门、重点岗位，既坚决查处领导干部违纪违法案件，又切实解决发生在群众身边的不正之风和腐败问题，强化不能腐的震慑，扎牢不能腐的笼子，增强不想腐的自觉，着力探索一条我们党自我净化、自我完善、自我革新、自我提高的有效途径，通过不懈努力换来海晏河清、朗朗乾坤。

健全中国特色社会主义法治体系和监督体系。党推进各个方面的改革，总目标是完善和发展中国特色社会主义制度，推进国家治理体系和治理能力现代化，关键是我们党在执政兴国、治国理政方面要形成一整套系统完备、科学规范、运行有效的制度体系，使各方面制度更加成熟更加定型，同时强化制度的全面有效实施，实现党对国家和社会的坚强领导和良好治理，实现党、国家、社会各项事务治理制度化、规范化、程序化。深化国家监察体制改革，实行国家监察的组织创新和制度创新，形成集中统一、权威高效的国家监察体系，有利于健全中国特色社会主义法治体系和监督体系，提升党和国家治理能力，实现党和国家治理体系和治理能力现代化。

(二)改革的现实意义:有效实现对所有行使公权力的公职人员监察全覆盖,保证党纪国法得到一体遵循

哪里有权力,哪里就需要监督。夺取反腐败斗争压倒性胜利,治本之策在于对权力实施全面有效的制约和监督。深化国家监察体制改革,就是要织牢织密制度的笼子,消除监督的死角和空白,给权力涂上“防腐剂”,戴上“紧箍咒”,切实防止权力蜕化异化。

党内监督全覆盖必然要求国家监察全覆盖。我们党长期执政、全面领导,制度优势已经充分彰显。面对现实风险挑战,保持党的肌体健康,根本要靠强化自我监督,形成发现问题、纠正偏差的有效机制,以探索出一条跳出“其兴也勃焉,其亡也忽焉”历史周期率的新路子。党的十八大以来,巡视利剑威力显现,派驻“探头”不断擦亮,党内监督力度空前加强,率先实现了全覆盖。与此同时,现有行政监察与党内监督不协调、不匹配的问题也越来越突出,作为政府组成部门的行政监察机关,监察对象只包括行政机关工作人员以及政府任命的其他人员,难以覆盖立法机关、司法机关等其他国家机关及其公务人员,以及国有企业和事业单位、社会组织行使公权力的公职人员。这就迫切要求完善监督制度,从顶层设计入手,健全国家监察组织架构,加快形成监察全覆盖的国家监督体系。

知识链接

巡　视

巡视是党内监督的主要方式,十九大报告提出要深化政治巡视。为什么要深化政治巡视呢?巡视是党内监督的主要方式,是全面从严治党的利器。党的十八大以来,巡视的利剑作用凸显。除了党中央的高度重视外,重要原因在于创新了巡视方式。第一,实现全覆盖,中央十二轮巡视如期完成对省区市地方、中央和国家机关、国有重要骨干企业、中央金融单位和中管高校的巡视全覆盖。第二,巡视具有灵活机动性,“三个不固定”防止形成利益联盟,防止出现巡视机构被围猎的情况。第三,明确巡视的性质是代表党中央进行政治巡视,巡视报告要向党中央汇报,威力彰显。党的十九大报告指出,要构建上下联动的监督网。一方面,它强调继续发挥巡视的利剑作用,开展相应的一轮轮巡视;另一方面,要在市县一级建立巡察制度。中央和省一级有巡视,地方有巡察,巡视巡察上下联动,巡察中发现的突出问题,在巡视这一层级也会被及时反映,这起到了相互促进、相互支撑的作用。巡视的成果可以指导巡察,巡察中发现的问题可以让巡视更有针对性。因

此，巡视巡察上下联动，织就了一张全覆盖的党内监督网，助力打“虎”拍“蝇”。

监察全覆盖促进党内监督和国家监察有机统一。党内监督与国家监察是一体两面，具有高度的内在一致性。1993 年 1 月，党中央决定中央纪委与监察部合署办公，一套机构、两个名称，履行党的纪律检查和政府行政监察两种职能，对党中央全面负责。这次深化国家监察体制改革是对 1993 年以来实行的纪检监察合署办公体制的延续和发展，按照改革蓝图，监察委员会的监察范围扩大到各类机关团体、企业事业单位和其他组织中所有行使公权力的公职人员，消除了以往的监督死角和盲区，实现了全覆盖。这就把执纪与执法贯通起来，保证了党内监督和国家监察无缝衔接、同向发力、形成合力，实现了由监督“狭义政府”到监督“广义政府”的转变，有利于强化对权力运行的制约和监督，把权力全面关进制度的笼子。

监察全覆盖推动依规治党和依法治国深度融合。我们党是有着 8900 多万名党员的世界第一大政党，我国 80％的公务员、95％以上的领导干部都是共产党员。只有切实加强党和国家治理体系和治理能力建设，把我们的制度优势转化为治理效能，才能确保全体党员干部不忘初心、牢记使命，真正把手中的权力用来全心全意为人民服务，为实现“两个一百年”奋斗目标和中华民族伟大复兴的中国梦不懈努力。党和国家的治理主要包括两个方面：一是严格依规治党，靠严明的党规党纪管党治党；二是全面依法治国，依据宪法法律治国理政。这两个方面都是中国特色社会主义治理体系的重要组成部分。实现监察全覆盖以后，监察委员会与纪委合署办公代表党和国家统一行使监察权的体制更加顺畅、保障更加有力，可以更好地对全体党员和公职人员进行全方位、全过程的监督，保证党规国法得到一体遵循。

（三）改革的创新意义：中国特色社会主义监督理论和实践的重大创新

习近平总书记指出，“迎接挑战，最根本的是改革创新”。国家监察体制改革是坚持走中国特色社会主义监察道路、确立中国特色社会主义监察体系的创制之举，是党和国家自我监督的重大创新发展。我们党在中国特色社会主义进入新时代的大背景下，聚焦反腐败斗争现实问题，坚决冲破僵化、封闭、保守的观念束缚，敢于打破不合时宜的体制机制障碍，实现了国家监察理念、体制机制、方式方法的与时俱进，有力彰显了道路自信、理论自信、制度自信、文化自信。

理论创新和实践创新贯穿深化国家监察体制改革全过程。我们党从来就是坚持理论创新、善于理论创新的政党，也是敢于实践创新、善于实践创新的政党。

习近平总书记精辟指出,“我们党之所以能够历经考验磨难无往而不胜,关键就在于不断进行实践创新和理论创新”。“要根据时代变化和实践发展,不断深化认识,不断总结经验,不断实现理论创新和实践创新良性互动”。我们党通过深化国家监察体制改革致力于破解防治腐败的千古难题,实现了一系列重大理论创新和实践创新:坚持党对党风廉政建设和反腐败斗争集中统一领导,压紧压实管党治党政治责任;健全党和国家监督体系,增强党自我净化能力,强化党的自我监督和群众监督,并把党内监督作为最根本的、第一位的监督;构建党统一指挥、全面覆盖、权威高效的监督体系,把党内监督同国家监察以及其他监督形式贯通起来,形成监督合力;注重运用法治思维和法治方式反对腐败,加强反腐倡廉党内法规建设,加强反腐败国家立法,让法规制度刚性运行;以反腐败永远在路上的坚韧和执着,深化标本兼治,跳出历史周期率,确保党和国家长治久安。这些规律性认识和创新经验,大大完善了中国特色社会主义理论体系,对丰富和发展马克思主义基本原理也有原创性贡献。

汲取中华民族优秀传统法制文化的智慧,结合时代特点进行创造性转化。这次国家监察体制改革确立的监察制度,体现了中华民族优秀传统法制文化,是对中国历史上监察制度的有益借鉴,是对当今时代权力制约形式新的探索。国家监察委员会由全国人民代表大会产生,并对全国人民代表大会及其常务委员会负责,监察机关成为与行政机关、司法机关相并列的独立行使国家监察职能的专责机关,这与西方国家“三权分立”体制下监察隶属于立法机关或者行政机关的模式完全不同。我国古代优秀法制文化中蕴含着丰富的智慧和资源,中华民族独特的监察制度传统具有很强的启示意义。中国古代监察制度源自秦朝御史制度,历经三国两晋南北朝和唐代的发展,至宋元明清时期趋于完备,形成一套自上而下的独立于行政权的监察体系,对所在时代的政治权力运行起到了一定的规范和约束作用。注意研究我国古代法制传统和成败得失,充分挖掘中华法制文化精华,汲取营养、择善而用,同时回应现实要求、反映时代精神,是深化国家监察体制改革的一个鲜明特点。

中国特色的反腐败实践为世界提供了新经验新方法。腐败是全球性的顽疾,反腐败是国际社会面临的共同任务。不少国家在防治腐败方面都有过一些有益做法,也有着深刻教训,值得认真研究借鉴。但是,各国的政治制度、基本国情和历史文化不同,反腐败从来没有放之四海而皆准的灵丹妙药,不能脱离一国的社会政治条件和历史文化传统而盲目迷信、照搬照抄外国的制度模式和具体做法。我国监察体制改革牢牢立足于坚持党的领导和不断完善和发展中国特色社会主义制度的政治现实，立足于党治国理政的实践和经验，坚定“四个自信”，发挥政治优势，构建长效机制，形成监督合力，闯出了一套有效防治腐败的中国制度和中国经验。我们党锐意改革、强力反腐，以雷霆之势横扫贪贿，以霹雳手段打击腐败，“打虎”“拍蝇”“猎狐”，创造了史无前例的反腐败记录，取得了世界瞩目的辉煌成就。中国特色社会主义监察理论、实践和制度的影响力、感召力和塑造力正在中国和世界日益显现。

思考问题

1. 为什么要深化政治巡视？
2. 为何用留置取代“两规”？
3. 国家监察委员会的性质是什么？

参考文献

1. 习近平谈治国理政：第二卷[M]. 北京：外文出版社，2017.
2. 习近平新时代中国特色社会主义思想三十讲[M]. 北京：学习出版社，2018.
3. 党的十九大报告学习辅导百问[M]. 北京：学习出版社，2017.
4. 中华人民共和国宪法[N]. 人民日报，2018-03-22.
5. 中华人民共和国监察法[N]. 人民日报，2018-03-27.

专题五

习近平新时代中国特色社会主义经济思想

2017年12月18日至20日举行的中央经济工作会议认真总结了党的十八大以来我国经济发展取得的历史性成就和发生的历史性变革，首次提出习近平新时代中国特色社会主义经济思想。会议指出，习近平新时代中国特色社会主义经济思想，是5年来推动我国经济发展实践的理论结晶，是中国特色社会主义政治经济学的最新成果，是党和国家十分宝贵的精神财富，必须长期坚持、不断丰富发展。习近平新时代中国特色社会主义经济思想是对过去5年经济工作经验的系统梳理，也是新时代统领经济发展的基本遵循，必将继续牵引我国经济巨轮行稳致远。

一、习近平新时代中国特色社会主义经济思想的历史基础和实践基础

习近平新时代中国特色社会主义经济思想具有深厚的历史基础。中华人民共和国成立以来，中国共产党在建设前无古人的中国特色社会主义全新事业的伟大历史实践过程中，根据形势和任务的变化，适时提出相应的发展战略，引领和指导发展的实践。从以经济建设为中心、发展是硬道理，到发展是党执政兴国的第一要务，到坚持科学发展、全面协调可持续发展，到坚持“五位一体”总体布局，正是在总结中华人民共和国成立以来60多年经济社会发展正反两方面丰富经验和深刻教训的基础上，中国共产党每一次发展理念、发展思路的创新和完善，都推动实现了发展的新跨越。中华人民共和国成立以来经济发展的历程表明，在起步阶段，首先要解决的是如何尽快发展起来的问题。发展才能自强，发展是解决我国一切问题的物质基础和关键。当前，我国社会经济发展水平达到了新的历史高度。中国特色社会主义进入了新时代，我国经济发展也进入了新时代。中央经济工作会议提出，党的十八大以来，我国经济发展取得历史性成就、发生历史性变革，为其他领域改革发展提供了重要物质条件。从经济总量、经济结构、经济效益、经济影响等角度来分析和判断，我国已成为名副其实的经济大国，已步入发展方式转变、经济结构优化、增长动力转换的经济发展新时代，这是习近平新时代中

国特色社会主义经济思想形成的实践基础。

从经济总量看，中国经济实力再上新台阶。党的十八大以来，以习近平同志为核心的党中央，保持战略定力，高瞻远瞩、系统谋划、科学决策，推动中国经济保持平稳较快发展，使中国经济成为带动世界增长的重要引擎。2017 年，我国国内生产总值已达到 80 万亿元，稳居世界第二位。近 5 年来，国内生产总值年均增长达到 7.1％，远超同期世界经济的年均增速。2016 年，中国经济对世界经济增长的贡献率超过 30％，是世界经济当之无愧的"稳定之锚"。

从经济结构看，中国经济出现重大历史性变革。近 5 年来，我国经济工作以推进供给侧结构性改革为主线，加快推动经济结构战略性调整和经济转型升级，国民经济呈现结构改善、动力增强和质量提升的崭新面貌，产业结构不断优化，需求结构持续改善，新型城镇化稳步推进，区域发展格局优化重塑，收入分配结构加快调整，发展的协调性和可持续性不断增强，中国经济结构向中高端水平持续迈进。

从经济效益看，中国经济已转向高质量发展阶段。随着创新驱动发展战略深入实施，科技领域取得一批国际领先的重大成果。新兴产业蓬勃兴起，传统产业加快转型升级，大众创业、万众创新广泛开展，科技引领型的经济发展模式已经初步建立。支撑经济发展的生态环境状况明显好转，大气、水、土壤污染防治行动成效明显。经济发展的成果惠及更多百姓，人民获得感、幸福感明显增强，脱贫攻坚战取得决定性进展，基本公共服务均等化程度不断提高。2016 年，全国居民人均可支配收入已超过 2.38 万元，形成了世界上人口最多的中等收入群体。

从经济影响看，中国经济大国地位进一步确立。"一带一路"倡议得到广泛响应，开放型经济新体制逐步健全，对外贸易、对外投资、外汇储备稳居世界前列，在世界经济中的地位不断提高。我国在世界贸易组织、世界银行、世界货币基金组织等国际性经济组织中发挥着越来越重要的作用，在国际贸易规则、国际金融规则制定等领域起着越来越大的影响力。我国在亚太经合组织、东盟自由贸易区、上海合作组织等区域性组织中正日益发挥着主导性作用，区域影响力进一步增强。我国在参与多边合作和全球治理的进程中，经济大国应有的国际地位正进一步提高。

发展的基本特征已经发生了深刻变化，社会主要矛盾已经转化为人民日益增长的美好生活需要和不平衡不充分的发展之间的矛盾。过去那种追求规模，不计资源、环境、社会成本和代价的数量型低质量发展已经不能适应新的形势。

时代孕育思想，实践检验真知。习近平新时代中国特色社会主义经济思想，是党的十八大以来推动我国经济发展实践的理论结晶，是运用马克思主义基本原理对中国特色社会主义政治经济学的理性概括，是中国特色社会主义政治经济学的最新成果，是党和国家十分宝贵的精神财富。理解习近平新时代中国特色社会主义经济思想的实践来源，需要追溯到习近平同志上山下乡经历和全部从政实践过程。习近平总书记始终强调："要坚持以人民为中心的发展思想，把增进人民福祉、促进人的全面发展、朝着共同富裕方向稳步前进作为经济发展的出发点和落脚点。这一点，我们任何时候都不能忘记，部署经济工作、制定经济政策、推动经济发展都要牢牢坚持这个根本立场。"为此，他鲜明提出"不能简单以国内生产总值增长率来论英雄"，"要的是实实在在，没有水分的速度"。他要求经济工作要"贯彻稳中求进工作总基调"，强调"我国经济发展进入新常态，要求我们从实际出发，尊重客观规律，通过科学方法贯彻各项大政方针。我们强调要保持战略定力，稳中求进的根本点在于稳定大局、不断进取"。

这些思想来自哪里？无疑是来自其知青岁月和从政实践的历练。对此，习近平同志曾经谈到："我 1969 年从北京到陕北的延川县文安驿公社梁家河大队插队落户，7 年上山下乡的艰苦生活对我的锻炼很大。最大的收获有两点：一是让我懂得了什么叫实际，什么叫实事求是，什么叫群众，这是让我获益终生的东西。二是培养了我的自信心。""上山下乡的经历，使我增进了对基层群众的感情。对于我们共产党人来说，老百姓是我们的衣食父母，我们必须牢记全心全意为人民服务的宗旨。"

几十年来，习近平同志始终如一地抱定"坚持以人民为中心"的信念，知行合一地践行"全心全意为人民服务"的宗旨，做任何事情都秉持"实事求是、求真务实"的作风，以"功成不必在我"的胸襟认真履行每一个岗位职责。1982 年 3 月至 1985 年 5 月，习近平同志在河北省正定县担任县委副书记、书记的 3 年多时间里，始终把老百姓的事放在心上，求真务实办实事。先是不图"农业学大寨先进县"的虚名，下决心摘掉"高产穷县"的帽子，后又提出走"半城郊型"经济发展路子，再到率先在河北全省推行"大包干"，制定"人才九条"广招天下英才等"兴县富民"政策，始终不忘初心、干在实处、走在前列。

习近平同志在福建工作的 17 年里，不仅在推进经济体制改革过程中敢当第一个"吃螃蟹"的人，六年七下晋江，推进国有企业股份制改革，大力发展民营经济，而且大力推进政府职能转变，探索内引外联"双向开放"，推进闽台交流先行先试。他在《摆脱贫困》中指出："我是崇尚行动的。实践高于认识的地方正在于它是行动。从这个意义上说，我们不担心说错什么，只是担心'意识贫困'，没有更加大胆的改革开放的新意；也不担心做错什么，只是担心‘思路贫困’，没有更有力度的改革开放的举措。”习近平同志六年七下晋江调查研究，分别在《人民日报》和《福建日报》发表关于晋江经济持续快速发展的调查与思考的署名文章，总结“晋江经验”，提出“六个始终坚持”和“处理好五大关系”。即始终坚持以发展社会生产力为改革和发展的根本方向，始终坚持以市场为导向发展经济，始终坚持在顽强拼搏中取胜，始终坚持以诚信促进市场经济的健康发展，始终坚持立足本地优势和选择符合自身条件的最佳方式加快经济发展，始终坚持和加强政府对市场经济的引导和服务；处理好有形通道和无形通道的关系，处理好发展中小企业和大企业之间的关系，处理好发展高新技术产业和传统产业的关系，处理好工业化和城市化的关系，处理好发展市场经济与建设新型服务型政府之间的关系。与此同时，他还提出，福建要走创新发展之路，“通过以建设生态省为载体，转变经济发展方式，提高资源综合利用率，维护生态良性循环，保障生态安全，努力开创‘生产发展、生活富裕、生态良好的文明发展道路’，把美好家园奉献给人民群众，把青山绿水留给子孙后代。”尤其是，习近平同志在宁德地委担任主要领导期间领导的扶贫实践及形成的扶贫思想，更成为精准扶贫战略的思想“源头”。在宁德，他倡导弱鸟先飞、滴水穿石、不耻落后。他说：“要使弱鸟先飞，飞得快，飞得高，必须探讨一条因地制宜发展经济的路子。”

在浙江工作期间，习近平同志在深入调查研究的基础上，先后提出了“八八战略”总方略和“绿水青山就是金山银山”“腾笼换鸟、凤凰涅槃”等科学论断，作出了建设平安浙江、法治浙江、文化大省、生态省等战略决策。2003 年 7 月 10 日，习近平同志在全面总结浙江经济多年发展经验的基础上，系统阐述了浙江经济社会发展的“八八战略”。这里的第一个“八”所指的“八个优势”，是结合实际作出的总体把握，体现了继承和创新的统一。具体而言，是将已经显现出来的体制机制、生态文化等优势进一步发挥好；将潜在的优势变为现实的优势；对于一些劣势，要通过努力转化为优势，或者避开劣势。第二个“八”是指八个方面的举措，是针对进一步发挥、培育和转化优势提出来的。通过实施这些举措，推动经济社会发展增创新优势、再上新台阶。在今天看来，“八八战略”与“五位一体”总体布局、“四个全面”战略布局、新发展理念一以贯之，为习近平新时代中国特色社会主义经济思想贡献了丰富的浙江实践。特别是从“发挥市场经济体制机制优势”到“使市场在资源配置中起决定性作用”，从“美丽浙江”到“美丽中国”，从“法治浙江”到“法治中国”，从“平安浙江”到“平安中国”，从“海洋强省”到“海洋强国”，从“生态省”建设到全国范围的“蓝天保卫战”，等等，我们可以清晰地看到，习近平同志在浙江的战略布局、重大改革和发展举措及创新实践经验，成为治国理政重大战略和决策的“源头活水”。

在上海工作期间，习近平同志非常重视调查研究，对上海如何加强党对经济工作的领导、加快转变经济发展方式和带头推进“长三角”区域合作提出了符合上海发展实际的工作思路。2007 年 5 月 24 日，习近平同志在上海市第九次党代会上的报告鲜明地指出：“加快推进‘四个率先’，加快建设‘四个中心’和现代化国际大都市，关键在于加强党的建设。要始终坚持党要管党、从严治党的方针，切实肩负起集中精力抓党的建设的重大责任。”同时，习近平同志还要求上海在转变经济发展方式上要“动真格”，提出“坚持工业反哺农业、城市支持农村和多予少取放活的方针，扎实推进社会主义新农村建设，努力在解决‘三农’问题、破除城乡二元经济结构上走在前列”，并强调在“长三角”区域协同发展中，“上海有责任继续当好改革开放的排头兵”。

党的十七大之后，习近平同志站在党和国家全局的高度，以更广阔的视野思考促进中国经济健康持续发展的战略和政策。2008 年 1 月 11 日，习近平同志到河北西柏坡考察调研时提出，“发展红色旅游可以和农家游结合起来”，“要进一步加强以乡村领导班子为重点的农村基层干部队伍建设，建设一支素质较高的农村干部队伍”。2010 年 4 月 10 日，习近平同志在亚洲博鳌论坛作主题演讲时强调，要努力开创生产发展、生活富裕、生态良好的文明发展道路；要走出一条科技含量高、经济效益好、资源消耗低、环境污染少、人力资源优势得到充分发挥的中国特色新型工业化道路；要把节约资源作为基本国策，发展循环经济，保护生态环境，加快建设资源节约型、环境友好型社会，促进经济发展与人口资源环境相协调。这些理念核心就是科学发展。我们坚持科学发展，就是适应经济全球化发展的新形势，用科学的理念、开放的战略、统筹的方法、共赢的途径去实现生产发展、生活富裕、生态良好的发展目标。习近平同志要求，领导干部要注意防止和纠正各种急功近利的行为，不贪一时之功、不图一时之名，多干打基础、利长远的事。无疑，这些重要论述不仅直接地影响到习近平新时代中国特色社会主义经济思想的形成，有些还直接成为这一思想的重要内容。

党的十八大以来，习近平总书记更是以大国领袖的洞察力，深刻认识世界政治经济格局的新变化和实现中华民族伟大复兴的历史机遇，坚持问题导向，着眼破除制约我国经济社会平衡充分发展的短板和弱项，提出了“发展是解决我国一切问题的基础和关键”；“坚持以人民为中心的发展思想，用新发展理念统领发展全局”；“使市场在资源配置中起决定性作用和更好发挥政府作用”；“主动适应、把握、引领经济发展新常态，着力推进供给侧结构性改革”；“实施创新驱动发展战略”；“推动新型工业化、信息化、城镇化、农业现代化同步发展”；“实施精准扶贫、精准脱贫，坚决打赢脱贫攻坚战”；“实施‘一带一路’建设、京津冀协同发展、长江经济带发展三大战略”；“在更大范围、更宽领域、更深层次上提高开放型经济水平”；“坚持稳中求进工作总基调，全面提高党领导经济工作水平”等一系列重大论断。党的十八大以来，党中央出台了一系列重大方针政策，推出了一系列重大举措，推进了一系列重大工作，解决了许多长期想解决而没有解决的难题，办成了许多过去想办而没有办成的大事，推动党和国家事业发生历史性变革。因此，党的十八大以来的成功实践和理论概括，最终成就了以“创新、协调、绿色、开放、共享”这个新发展理念为主要内容，以“坚持加强党对经济工作的集中统一领导；坚持以人民为中心的发展思想；坚持适应把握引领经济发展新常态；坚持使市场在资源配置中起决定性作用，更好发挥政府作用；坚持适应我国经济发展主要矛盾变化完善宏观调控，把推进供给侧结构性改革作为经济工作的主线；坚持问题导向部署经济发展新战略；坚持正确工作策略和方法，稳中求进”这“七个坚持”为内涵的习近平新时代中国特色社会主义经济思想。

二、习近平新时代中国特色社会主义经济思想的丰富内涵和核心要义

（一）“七个坚持”是习近平新时代中国特色社会主义经济思想的丰富内涵

中央经济工作会议指出，5年来，我们坚持观大势、谋全局、干实事，成功驾驭了我国经济发展大局，在实践中形成了以新发展理念为主要内容的习近平新时代中国特色社会主义经济思想。我们坚持加强党对经济工作的集中统一领导，保证我国经济沿着正确方向发展；坚持以人民为中心的发展思想，贯穿到统筹推进“五位一体”总体布局和协调推进“四个全面”战略布局之中；坚持适应把握引领经济发展新常态，立足大局，把握规律；坚持使市场在资源配置中起决定性作用，更好发挥政府作用，坚决扫除经济发展的体制机制障碍；坚持适应我国经济发展主要矛盾变化完善宏观调控，相机抉择，开准药方，把推进供给侧结构性改革作为经济工作的主线；坚持问题导向部署经济发展新战略，对我国经济社会发展变革产生深远影响；坚持正确工作策略和方法，稳中求进，保持战略定力、坚持底线思维，一步一个脚印向前迈进。

中央经济工作会议提出“七个坚持”，构成习近平新时代中国特色社会主义经

济思想的七方面内涵。"七个坚持"紧密联系,既有认识论,又有方法论,组成一个完整体系。

(1)"坚持加强党对经济工作的集中统一领导"居于首位,是总领性、根本性的。在习近平新时代中国特色社会主义思想的十四条基本方略中,首先就强调坚持党对一切工作的领导。5年来,以习近平同志为核心的党中央把方向、谋大局、定政策、促改革,始终总揽全局、协调各方,推动我国经济发展取得历史性成就、发生历史性变革,为其他领域改革发展提供了重要物质条件。面对愈益复杂的国际国内经济环境,坚持加强党对经济工作的集中统一领导,显得愈加重要。

(2)"坚持以人民为中心的发展思想"是经济发展的根本目的。明确为什么人、靠什么人,是一切发展的前提。坚持以人民为中心的发展思想,就是明确发展为了人民、发展依靠人民、发展成果由人民共享。5年来,以习近平同志为核心的党中央把人民放在最高位置,将以人民为中心的发展思想贯穿到统筹推进"五位一体"总体布局和协调推进"四个全面"战略布局之中。人民拥护不拥护、赞成不赞成、高兴不高兴、答应不答应,过去、现在、将来都是衡量一切工作得失的根本标准。纵观习近平提出的一系列新的重要思想、重要观点、重大判断、重大举措,本质上都是为了实现人民对美好生活的向往。

(3)五个"坚持"是实现高质量发展的重要途径。党的十九大指出,进入新时代,我国社会主要矛盾已经转化为人民日益增长的美好生活需要和不平衡不充分的发展之间的矛盾。在新时代,我国经济的基本特征就是已由高速增长阶段转向高质量发展阶段。

① 坚持适应把握引领经济发展新常态,立足大局,把握规律。党的十八大以来,我国经济面临增长速度换挡期、结构调整阵痛期、前期刺激政策消化期"三期叠加"的巨大压力,以习近平同志为核心的党中央综合分析世界经济长周期和我国发展阶段性特征及其相互作用,作出了我国经济发展进入新常态的重大判断。经济发展进入新常态,主要体现为三大特征:速度——"从高速增长转为中高速增长",结构——"经济结构不断优化升级",动力——"从要素驱动、投资驱动转向创新驱动"。做好经济工作,就要尊重经济规律,经济发展进入新常态,是我国经济发展阶段性特征的必然反映,是不以人的意志为转移的必然趋势。

新常态要有新作为。适应新常态、把握新常态、引领新常态,是当前和今后一个时期我国经济发展的大逻辑。新常态下,中国经济正面临前所未有的机遇和挑战,需要转变思想观念、加强政策协同、推动跨越式发展,把创新、协调、绿色、开放、共享的发展理念贯穿经济发展的全过程。坚持适应把握引领经济发展新常态，推动高质量发展，就要把过去对于经济增速的关注，真正回归到提高经济发展的质量和效益上来、回归到转变发展方式促进转型升级上来、回归到促进社会公平正义和增进人民福祉上来、回归到让人人都享有绿水青山上来。

② 坚持使市场在资源配置中起决定性作用，更好发挥政府作用，坚决扫除经济发展的体制机制障碍。过去5年，以简政放权为重点的行政体制改革在释放改革红利、促进经济转型、应对经济下行压力中发挥了重要作用。面对经济运行中各类风险因素增大的新形势，以监管变革为重点深化简政放权，有利于使市场在资源配置中起决定性作用，更好发挥政府作用。使市场在资源配置中起决定性作用，要加快市场基础性制度建设，包括完善有利于促进公平竞争的规则体系，落实公平竞争审查制度，清理妨碍公平准入的规定和做法，进一步深化“放管服”改革，制定实施负面清单、权力清单和责任清单制度。

③ 坚持适应我国经济发展主要矛盾变化完善宏观调控，相机抉择，开准药方，把推进供给侧结构性改革作为经济工作的主线。社会主要矛盾变化在现实中有很多表现，比如对国内产品和服务供给不满意，大量消费流向海外；对社会公平正义有新的期待，对不公平不合理制度现象的容忍度降低；对生态环境的需求不断提升，环境污染极易引发社会矛盾，等等。适应我国经济发展主要矛盾变化完善宏观调控，就要坚持以供给侧结构性改革为主线，坚持质量第一、效益优先，推动经济发展质量变革、效率变革、动力变革，提高全要素生产率，着力加快建设实体经济、科技创新、现代金融、人力资源协同发展的产业体系，着力构建市场机制有效、微观主体有活力、宏观调控有度的经济体制，不断增强我国经济创新力和竞争力，为我国经济转型升级和持续健康发展拿出治本良方妙药。

④ 坚持问题导向部署经济发展新战略，对我国经济社会发展变革产生了深远影响。创新驱动发展战略、乡村振兴战略、区域协调发展战略、可持续发展战略、京津冀协同发展战略、长江经济带发展战略、“一带一路”倡议、引进来和走出去并重战略、开创我国经济全面对外开放新格局战略、精准扶贫脱贫战略……坚持问题导向部署经济发展新战略，是十八大以来党中央治国理政的鲜明特色，也是进入新时代经济发展的需求。坚持问题导向，不是从书本出发、从经验出发，而是从中国国情出发，从现实矛盾出发。

⑤ 坚持正确工作策略和方法，主要是稳中求进，保持战略定力、坚持底线思维，一步一个脚印向前迈进。经济发展进入新时代，“稳”既指平稳的经济增长，更包括稳定的就业、物价以及社会经济环境；“进”则既指质量的提升、效率的提高、新动能的增强等，也包括资源环境更好的保护和民生的改善等。“稳”和“进”是辩

证统一的,要作为一个整体来把握。

这五个"坚持"紧紧围绕推动高质量发展进行战略谋划,从发展思路、体制机制、宏观调控、战略部署、策略方法等重要方面提出了全方位要求,是实现经济高质量发展的重要途径。

(二)新发展理念是习近平新时代中国特色社会主义经济思想的主要内容

习近平总书记指出,实现"十三五"时期发展目标,破解发展难题,厚植发展优势,必须牢固树立创新、协调、绿色、开放、共享的发展理念。新发展理念集中反映了我们党对我国经济社会发展规律认识的深化。发展和增长是不同的概念,发展强调的是最优的增长、有质量的增长、结构性优化的增长。因此,新发展理念是更有质量、更有效率、更为公平的增长。

坚持创新发展,就是要更加注重解决发展动力问题,推动经济保持中高速增长、迈向中高端水平;坚持协调发展,就是要更加注重解决发展不平衡问题,着力增强发展的整体性;坚持绿色发展,就是要更加注重解决人与自然和谐共生问题,建设天蓝地绿水清的美丽中国;坚持开放发展,就是要更加注重解决发展内外联动问题,进一步提升开放型经济水平;坚持共享发展,就是要更加注重解决社会公平正义问题,不断增进人民福祉。创新、协调、绿色、开放、共享的新发展理念和以人民为中心的发展思想是实现高质量发展的必要条件和重要体现。创新、协调、绿色、开放、共享的新发展理念,深刻阐明了实现更高质量、更有效率、更加公平、更可持续发展的必由之路,那就是以提高发展质量和效益为中心,实现实实在在、没有水分的发展;以民生改善、就业充分为追求的发展;以劳动生产率提高、经济活力增强、结构调整有成效为战略目标的发展。

深入贯彻新发展理念,首先,要明确高质量的发展观;其次,要贯彻以人民为中心的发展思想,它是高质量发展观的目标和落脚点;再次,要落实人口资源环境全面协调的持续发展观,它是高质量发展的保障。三者是具有密切联系和内在逻辑一致性的有机统一体,在实践中决不能割裂开来。牢固树立高质量发展观、以人民为中心的发展思想和人口资源环境相协调的发展观是时代的要求,是人民的要求和持续发展的要求。"治国有常,而利民为本。"习近平新时代中国特色社会主义经济思想关于以人民为中心的发展思想,坚定、清晰而有力地回答了经济发展首先要解决为谁发展、由谁分享发展成果的根本问题。人民是发展的主体,也是发展的最大受益者。坚持以人民为中心的发展思想,要把增进人民福祉、促进人的全面发展作为发展的出发点和落脚点。此外,在发展中必须坚持节约资源和保护环境的基本准则，坚持持续发展，坚定走生产发展、生活富裕、生态良好的文明发展道路，建设资源节约型、环境友好型社会，形成人与自然和谐发展的现代化建设新格局。

中央经济工作会议指出，推动高质量发展，是保持经济持续健康发展的必然要求，是适应我国社会主要矛盾变化和全面建成小康社会、全面建设社会主义现代化国家的必然要求，是遵循经济规律发展的必然要求。推动中国经济从高速增长转向高质量发展阶段，既是贯彻落实习近平新时代中国特色社会主义经济思想的重要途径，也是学懂弄通做实党的十九大精神的必然选择。

深化供给侧结构性改革。继续强化供给侧结构性改革在经济发展中的主线作用，要推进中国制造向中国创造转变，中国速度向中国质量转变，制造大国向制造强国转变。深化要素市场化配置改革，大力破除无效供给，推动化解过剩产能；大力培育新动能，强化科技创新，推动传统产业优化升级，培育一批具有创新能力的排头兵企业，积极推进军民融合深度发展；大力降低实体经济成本，降低制度性交易成本，继续清理涉企收费，加大对乱收费的查处和整治力度，深化电力、石油天然气、铁路等行业改革，降低用能、物流成本。

激发各类市场主体活力。实现高质量的经济发展，最终要靠各类市场主体。推动国有资本做强做优做大，完善国企国资改革方案，围绕管资本为主加快转变国有资产监管机构职能，改革国有资本授权经营体制。加强国有企业党的领导和党的建设，推动国有企业完善现代企业制度，健全公司法人治理结构。要支持民营企业发展，落实保护产权政策，依法甄别纠正社会反映强烈的产权纠纷案件。全面实施并不断完善市场准入负面清单制度，破除歧视性限制和各种隐性障碍，加快构建亲清新型政商关系。

实施乡村振兴战略。乡村振兴、农业发展、农民富裕是实现高质量经济发展的必然要求。无论处于什么样的发展阶段，农业农村农民问题始终是关系国计民生的根本性问题，必须始终把解决好“三农”问题作为全党工作的重中之重。要科学制定乡村振兴战略规划。健全城乡融合发展体制机制，清除阻碍要素下乡各种障碍。推进农业供给侧结构性改革，坚持质量兴农、绿色兴农，农业政策从增产导向转向提质导向。深化粮食收储制度改革，让收储价格更好反映市场供求，扩大轮作休耕制度试点。

实施区域协调发展战略。推动区域协调发展是实现高质量经济发展的重要方面。要实现基本公共服务均等化，基础设施通达程度比较均衡，人民生活水平大体相当。京津冀协同发展要以疏解北京非首都功能为重点，保持合理的职业结构,高起点、高质量编制好雄安新区规划。推进长江经济带发展要以生态优先、绿色发展为引领。要围绕“一带一路”建设,创新对外投资方式,以投资带动贸易发展、产业发展。提高城市群质量,推进大中小城市网络化建设,增强对农业转移人口的吸引力和承载力,加快户籍制度改革落地步伐。引导特色小镇健康发展。

推动形成全面开放新格局。开放带来进步,封闭必然落后,没有高水平的开放型经济体系,高质量的经济发展也就无从谈起。有序放宽市场准入,全面实行准入前国民待遇加负面清单管理模式,继续精简负面清单,抓紧完善外资相关法律,加强知识产权保护。促进贸易平衡,更加注重提升出口质量和附加值,积极扩大进口,下调部分产品进口关税。大力发展服务贸易。继续推进自由贸易试验区改革试点。有效引导支持对外投资。

提高保障和改善民生水平。针对人民群众关心的问题精准施策,着力解决中小学生课外负担重等突出问题,解决好婴幼儿照护和儿童早期教育服务问题。注重解决结构性就业矛盾,解决好性别歧视、身份歧视问题。改革完善基本养老保险制度,加快实现养老保险全国统筹。继续解决好“看病难、看病贵”问题,鼓励社会资金进入养老、医疗等领域。着力解决网上虚假信息诈骗、倒卖个人信息等突出问题。做好民生工作,突出问题导向,尽力而为、量力而行,找准突出问题及其症结所在,周密谋划、用心操作。

加快建立多主体供应、多渠道保障、租购并举的住房制度。房地产市场一头连着产业发展和经济增长,一头连着保障和改善民生。实现高质量的经济发展,必须要有稳定而健康的房地产市场。要坚持房子是用来住的、不是用来炒的定位,综合运用金融、土地、财税、投资、立法等手段,积极发展住房租赁市场特别是长期租赁,保护租赁利益相关方合法权益,支持专业化、机构化住房租赁企业发展。不断完善促进房地产市场平稳健康发展的长效机制,保持房地产市场调控政策连续性和稳定性,分清中央和地方事权,实行差别化调控,让全体人民住有所居。

加快推进生态文明建设。实现高质量的经济发展,最终要使人民享受到山清水秀天蓝地绿的美好环境。只有恢复绿水青山,才能使绿水青山变成金山银山。要实施好“十三五”规划确定的生态保护修复重大工程。启动大规模国土绿化行动,引导国企、民企、外企、集体、个人、社会组织等各方面资金投入,培育一批专门从事生态保护修复的专业化企业。深入实施“水十条”,全面实施“土十条”。加快生态文明体制改革,健全自然资源资产产权制度,研究建立市场化、多元化生态补偿机制,改革生态环境监管体制。

三、习近平新时代中国特色社会主义经济思想的逻辑结构和主要特质

习近平新时代中国特色社会主义经济思想是习近平新时代中国特色社会主义思想的重要组成部分，具有内在的逻辑结构：其“基本目标”是实现中华民族伟大复兴的中国梦，其“根本使命”是推进新时代中国特色社会主义经济持续健康发展，其“方向保障”是加强和完善党对经济工作的集中统一领导，其“主要内涵”是一系列新发展理念，其“基本范畴”是发展，其“基本主线”是新时代社会经济的全面创新发展，其“核心”是转型创新，其“价值目的”是人民利益，其“主要路径”是深化供给侧结构性改革、发展生产力、全面深化改革、科技创新、国内外区域联动发展、开创我国全方位对外开放新格局等，其“策略方法”即为稳中求进、务求扎实有效。

习近平新时代中国特色社会主义经济思想所体现的最重要特质，就是秉持马克思主义政治经济学的精髓，具有强烈的社会价值取向，贯穿着唯物史观，对社会制度、体制机制有着深刻追问，强调社会生产关系的变革和科技革新，谋求社会生产力的转型创新发展，并且还有建构人类命运共同体的世界情怀。习近平新时代中国特色社会主义经济思想中很多重要论述和大政方针既着力当下、又着眼长远；遵循客观经济规律；紧密结合顶层设计、战略决策和方针政策；立足中国经济转型升级，又积极引领世界经济发展；同时大力实施创新驱动转型发展；顺应时代要求，破解新时代经济发展变革的重大难题，坚持发展、创新和变革的统一；坚持问题导向，以变应变，以变制变、以新促新，充分汲取国际经济变革发展的有益经验，实现新时代催生新理论、新理论引领新实践的良性互动。

四、践行习近平新时代中国特色社会主义经济思想

习近平新时代中国特色社会主义经济思想，是5年来推动我国经济发展实践的理论结晶，是中国特色社会主义政治经济学的最新成果，是党和国家十分宝贵的精神财富，必须长期坚持、不断丰富发展。

深入贯彻落实习近平新时代中国特色社会主义经济思想，首先要深刻领会“七个坚持”——坚持加强党对经济工作的集中统一领导；坚持以人民为中心的发展思想；坚持适应把握引领经济发展新常态；坚持使市场在资源配置中起决定性作用；坚持适应我国经济发展主要矛盾变化完善宏观调控；坚持问题导向部署经济发展新战略；坚持正确工作策略和方法。这既是习近平新时代中国特色社会主义经济思想的具体内涵，也是习近平新时代中国特色社会主义思想的重要组成

部分。

深入贯彻落实习近平新时代中国特色社会主义经济思想,要推动我国经济从高速增长转向高质量发展。围绕推动高质量发展,要做好八项重点工作——深化供给侧结构性改革,激发各类市场主体活力,实施乡村振兴战略,实施区域协调发展战略,推动形成全面开放新格局,提高保障和改善民生水平,加快建立多主体供应、多渠道保障、租购并举的住房制度,加快推进生态文明建设。

深入贯彻落实习近平新时代中国特色社会主义经济思想,还要坚持稳中求进工作总基调,统筹推进稳增长、促改革、调结构、惠民生、防风险各项工作。今后 3 年要重点抓好防范化解重大风险、精准脱贫、污染防治三大攻坚战,引导和稳定预期,加强和改善民生,促进经济社会持续健康发展。

新思想引领新时代,新使命开启新征程。全党全国要紧密团结在以习近平同志为核心的党中央周围,把思想和行动统一到党中央对明年经济工作的部署上来,锐意进取,埋头苦干,奋力开创中国经济高质量发展的新时代篇章。

思考问题

1. 习近平新时代中国特色社会主义经济思想的主要内涵是什么?
2. 习近平新时代中国特色社会主义经济思想的主要内容是什么?
3. 如何理解“高质量发展”?

参考文献

1. 韩保江. 习近平新时代中国特色社会主义经济思想的实践基础[N]. 学习时报,2018-04-25.

2. 瞿商. 习近平新时代中国特色社会主义经济思想的丰富内涵和历史基础[N]. 光明日报,2018-06-15.

3. 杨伟民. 学习践行习近平新时代中国特色社会主义经济思想[N]. 学习时报,2018-03-05.

4. 周跃辉. 以习近平新时代中国特色社会主义经济思想指导经济实践[N]. 学习时报,2017-12-26.

5. 洪银兴. 习近平新时代中国特色社会主义经济思想引领经济强国建设[J]. 红旗文稿,2018(1).

专题六

打好决胜全面建成小康社会三大攻坚战

从现在到2020年,是全面建成小康社会决胜期。党的十九大报告指出,突出抓重点、补短板、强弱项,特别是要坚决打好防范化解重大风险、精准脱贫、污染防治的攻坚战,使全面建成小康社会得到人民认可、经得起历史检验。这一重要论断,体现了强烈的使命担当、问题导向和底线思维。三大攻坚战既是决胜全面建成小康社会必须攻克的现实难题,又是开启全面建设社会主义现代化国家新征程的坚实保障。我们必须进一步增强责任感和使命感,以担当之责、严实之态、精准之策和有效之举坚决打好三大攻坚战。

一、打好决胜全面建成小康社会三大攻坚战的正式提出

打好决胜全面建成小康社会三大攻坚战是指防范化解重大风险、精准脱贫、污染防治,是在十九大报告中首次提出的新表述。

2017年10月18日,习近平总书记在十九大报告中提出:要坚决打好防范化解重大风险、精准脱贫、污染防治的攻坚战,使全面建成小康社会得到人民认可、经得起历史检验。

2018年3月5日,提请第十三届全国人民代表大会第一次会议审议的政府工作报告将三大攻坚战"作战图"和盘托出:推动重大风险防范化解取得明显进展、加大精准脱贫力度、推进污染防治取得更大成效。

全国政协委员、清华大学中国与世界经济研究中心主任李稻葵指出,2018年中国面临三大攻坚战中,风险防控是第一位的。当前中国大量的金融资产以流动性很强的存款与现金的形式存在,未来的十年、二十年,资金跨境的流动都需加强管理。

全国政协委员、中央财经领导小组办公室副主任杨伟民表示,防范金融风险第一步要在实体经济方面继续深化供给侧结构性改革,继续清理"僵尸企业"、去过剩产能。

中央财经大学金融学院教授郭田勇说,当前金融业重要风险主要集中在"一头一尾"两个部分。其中,"头部"是巨大的政府债务,"尾巴"是普通百姓这块。比

如说有互联网金融机构打着互联网旗号行非法集资之实,公众投资的资金量多,极易引发重大金融风险。

中国人民大学中国扶贫研究院院长汪三贵说,政府工作报告明确提出,加大精准脱贫力度。2018年再减少农村贫困人口1000万以上,完成易地扶贫搬迁280万人。在脱贫攻坚难度越来越大的情况下,这1000万的年度减贫目标相比前两年"含金量"更高,完成这一目标需要更加精准、更有针对性的措施。

二、深刻认识打好决胜全面建成小康社会三大攻坚战的重大意义

(一)三大攻坚战的经济意义

党的十六大提出全面建设小康社会后,各级党委政府紧紧扭住这个目标一茬接着一茬干、一棒接着一棒跑,特别是党的十八大后这5年取得了一个又一个阶段性胜利。党的十九大作出新的战略部署后,实现这个奋斗目标已经到了需要一鼓作气向终点冲刺的关键时刻。在这样的攻坚决胜期,只有攻下最难的堡垒、啃下最硬的骨头,全面建成小康社会才能得到人民认可、经得起历史检验。应当清醒认识到,如果经济运行中风险隐患丛生,甚至出现重大社会经济风险,全面小康就没有了应有的保障;如果仍有大量人口生活在贫困线之下,就是不全面、不均衡的小康;如果在发展过程中环境遭到破坏和污染,全面小康社会也就失去了其本来的意义。防范化解金融风险、精准脱贫、污染防治三大攻坚战目标各有侧重,但内涵紧密相连,有机统一于推进高质量发展、决胜全面建成小康社会的伟大实践。有效防范化解金融风险,让经济发展更稳健。在全面建成小康社会进程中,必然遇到这样那样的风险和考验。在我们面临的各类风险中,当前金融风险尤为突出。比如影子银行、房地产泡沫、国有企业高杠杆、地方政府债务等金融风险都不可小视,如果没有相应的防范和化解措施,就有可能发生系统性、颠覆性危机,直接威胁到经济持续健康发展。为此,习近平总书记深刻指出,金融是实体经济的血脉,为实体经济服务是金融的天职,是金融的宗旨,也是防范金融风险的根本举措。金融的发展史,就是不断改进和提升服务实体经济能力的过程。防范金融风险、维护金融安全的根本目的,就是为实体经济发展创造良好的金融环境。总体看,我国金融形势是好的,但当前和今后一个时期金融领域尚处在风险易发高发期,在国内外多重因素压力下,风险点多面广,而且呈现隐蔽性、复杂性、传染性等特点,结构失衡问题比较突出,我们既要防止"黑天鹅"事件,也要防止"灰犀牛"风险。打好防范化解金融风险攻坚战,是实现高质量发

展必须跨越的重大关口。围绕供给侧结构性改革这条主线，形成金融和实体经济、金融和房地产、金融体系内部的良性循环，才能为发展迈向更高质量提供更强保障和支撑。

打好精准脱贫攻坚战，让经济发展更均衡更充分。贫困是发展不平衡不充分的集中体现，消除贫困是全面建成小康社会的底线任务和标志性指标。我们到时候不能一边宣布全面建成了小康社会，另一边还有几千万人口的生活水平处在扶贫标准线以下，这既影响人民群众对全面建成小康社会的满意度，也影响国际社会对我国全面建成小康社会的认可度。瞄准特定贫困群众精准帮扶，向深度贫困地区聚焦发力，激发贫困人口脱贫内生动力，不仅能促进区域经济“造血微环境”的修复与形成，也有利于社会大环境的稳定与和谐。党的十八大以来，精准扶贫精准脱贫取得举世瞩目的成绩，不仅对世界减贫作出巨大贡献，也为到2020年全面建成小康社会奠定了坚实基础。全国农村减贫规模年均超过1300万人，全国农村贫困发生率由2012年的10.2%下降至2017年的3.1%。但必须看到，我国脱贫攻坚任务仍然十分艰巨，2017年末全国尚有贫困人口3046万，仍然是全面建成小康社会的一个短板。打好精准脱贫攻坚战，将会带来国民收入分配格局的重大调整，对于增强经济发展内生动力、提升劳动力素质、促进经济结构转型、推动实现平衡而充分的发展等都具有深远意义。

打好污染防治攻坚战，让经济发展更可持续。改革开放40年来，我国经济实现腾飞，但毋庸讳言，快速发展过程中以牺牲资源环境为代价的粗放发展，给生态环境带来巨大影响，污染物排放远远超过环境容量，导致环境质量急剧下降，一些地方蓝天难见、污水横流，土壤也遭到污染。生态环境问题，归根到底是经济发展方式问题。发展是硬道理，绿色发展是可持续发展的内在要求，是高质量发展的重要标志。推进绿色发展，要从源头上推动经济实现绿色转型，走出一条经济发展与生态文明建设相辅相成、相得益彰的新发展道路。打好污染防治攻坚战，将对形成绿色发展方式和生活方式产生巨大推动力。绿水青山就是金山银山，保护生态环境就是保护生产力。在污染攻坚战的过程中，诸如中央环保督察、强化督查等监管手段不断创新推出，表面上看影响了一些企业的生产，但常态化的严格监管带来的是绿色发展理念的强化，进而形成“良币驱逐劣币”的生动局面。同时，污染治理本身就是一个庞大产业，巨大治理需求已成为拉动经济的新增长点。以京津冀大气污染治理为例，据有关研究机构测算，燃煤锅炉整治、煤改气煤改电、燃煤电厂超低排放改造三项措施对国民生产总值产出拉动分别为129亿元、1310亿元和8219亿元。

(二)三大攻坚战的政治考量

打好三大攻坚战,不仅是经济发展问题,而且是社会政治问题,是对我们党驾驭风险、跨越关口的能力检验,是对各级领导干部担当尽责、攻坚克难的作风检验。要从巩固党的执政基础和执政地位,维护国家政治安全和制度安全的高度,充分认识打好三大攻坚战的重要意义。对于防范化解金融风险、精准脱贫、污染防治,习近平总书记一直高度重视,并从治国理政、长治久安的高度多次进行深刻论述,展现了政治家的宽广胸怀和政治智慧。

金融安全是国家安全的重要组成部分。无论是20年前的亚洲金融危机,还是10年前的次贷危机和欧债危机,都警示我们金融危机涉及面广、社会关注度高,解决不好会对国家总体安全形成很大威胁。早在2013年10月亚太经合组织第二十一次领导人非正式会议上,习近平主席指出:"世界经济变动对亚太金融市场、资金流动、汇率稳定带来挑战,增加了本地区经济金融风险。我们要注意防范风险叠加造成亚太经济金融大动荡,以社会政策托底经济政策,防止经济金融风险演化为政治社会问题。"此后多个场合,习近平总书记都强调必须守住不发生系统性和区域性风险的底线。2017年4月十八届中央政治局第四十次集体学习时,习近平总书记指出:"金融安全是国家安全的重要组成部分,是经济平稳健康发展的重要基础。维护金融安全,是关系我国经济社会发展全局的一件带有战略性、根本性的大事。"在全国金融工作会议上,习近平总书记进一步强调:"金融是国家重要的核心竞争力,金融安全是国家安全的重要组成部分,金融制度是经济社会发展中重要的基础性制度。"因此,我们必须深刻认识到,金融安全既是国家安全的重要组成部分,也是国家安全的前提条件和重要保障。没有金融安全,国家安全体系就难以得到有效支撑。面对各种形式金融风险,各级领导干部一定要胸怀全局、胸中有数,增强风险防范意识,坚决守住不发生系统性金融风险的底线。

实现贫困群众脱贫是中国共产党根本宗旨的具体体现。我们党的初心,就是为人民谋幸福、为民族谋复兴。长期以来,党领导全国各族人民进行多种形式的反贫困斗争,巩固了党的执政基础,巩固了中国特色社会主义制度,这是我们党的重要执政经验。在新的历史条件下,打好精准脱贫攻坚战,真心实意为民造福、为民谋利,我们党长期执政的基础才能坚如磐石。党的十八大以来,习近平总书记对打好精准脱贫攻坚战倾注了大量心血,给予了高度重视。他曾引用古语,"善为国者,爱民如父母之爱子、兄之爱弟,闻其饥寒为之哀,见其劳苦为之悲",强调党的宗旨就是全心全意为人民服务,强调民心是最大的政治。各级党员领导干部必须深刻认识到，让贫困人口和贫困地区同全国一道进入全面小康社会是我们党的庄严承诺，从讲政治高度切实抓好精准扶贫工作，从巩固党执政的阶级基础和群众基础、从保持同人民群众的血肉联系的高度出发，保持顽强的工作作风和拼劲，满腔热情做好脱贫攻坚工作，坚决打赢精准脱贫攻坚战。

生态环境问题解决不好将导致严重社会政治问题。近年来，环境污染重、生态受损大、环境风险高已成为全面建成小康社会的突出短板。从长远角度看，人与自然关系是人类社会最基本的关系，对自然的伤害最终都会伤及人类自身。尊重自然、顺应自然、保护自然，促进人与自然和谐发展，是实现中华民族永续发展的必由之路。近年来，随着人们环境意识不断提升，环保投诉居高不下。据原环境保护部统计，2017 年，全国环保举报管理平台共接到环保举报近 62 万件，由环境问题引发的群体性事件日益增多，严重影响社会和谐稳定。提升环境质量、解决好百姓关注的环境问题，已成为对我党执政的新考验。正如习近平总书记 2013 年 4 月指出，“如果仍是粗放发展，即使实现了国内生产总值翻一番的目标，那污染又会是一种什么情况？届时资源环境恐怕完全承载不了”，“经济上去了，老百姓的幸福感大打折扣，甚至强烈的不满情绪上来了，那是什么形势?”正是站在这样的高度，习近平总书记把以人为本的生态观发展为政治意涵丰富的生态民生政治观，他指出：“走向生态文明新时代，建设美丽中国，是实现中华民族伟大复兴的中国梦的重要内容。”他强调，不能把加强生态文明建设仅仅作为经济问题，“这里面有很大的政治”。

（三）三大攻坚战的人民情怀

安居乐业、蓝天碧水、清新空气、资产安全……一桩桩、一件件，都寄托着人民群众的热切期盼。打好三大攻坚战，既关乎党和国家大局，又关乎百姓千家万户，是回应民众强烈呼唤的民生工程，是体现浓浓人民情怀的民心工程。

金融安全关系着老百姓的钱袋子。随着资产配置理念日益深入人心，理财产品走进千家万户，越来越多的普通人已经和金融有了亲密接触。2017 年底银行理财产品规模已近 30 万亿元，各种理财产品背后往往关联着银行、证券、债券、信托等金融机构和金融业务。近些年，线上线下非法集资等金融乱象严重危及人民群众利益。从某种意义上说，防范金融风险、维护金融安全，就是在守护老百姓的“钱袋子”。在论及金融问题时，人民群众利益始终是习近平总书记关注的重点。“房子是用来住的，不是用来炒的”，这朴素而平实的语言，既蕴含着深刻的经济思想，也体现着深厚的人民情怀。2015 年 9 月，习近平主席在接受华尔街日报书面采访时深刻指出：“股市涨跌有其自身的运行规律，一般情况下政府不干预。政府的职责是维护公开、公平、公正的市场秩序,保护投资者特别是中小投资者的合法权益。”在2017年7月全国金融工作会议上,习近平总书记强调积极发展普惠金融,更好满足人民群众和实体经济多样化的金融需求。这些重要论述告诉我们,推进中国金融业发展,既着眼金融业自身繁荣,还必须坚决维护国家金融安全,维护广大普通群众的切身利益。

精准脱贫事关数千万群众基本生活。经过多年奋战,现有贫困问题涉及自然条件差、经济基础弱、贫困程度深地区,需要帮扶的主要是残疾人、孤寡老人、长期患病者等“无业可扶、无力脱贫”的贫困人口以及部分教育文化水平低、缺乏技能的贫困群众。党的十八大以来,习近平总书记最关注的工作之一就是贫困人口脱贫。每到一个地方调研,他都要到贫困村和贫困户了解情况。这几年,全国11个山区集中连片特困地区习近平总书记都走到了。2012年担任总书记后,他来到革命老区河北阜平访贫问苦,强调:“消除贫困、改善民生、实现共同富裕,是社会主义的本质要求。对困难群众,我们要格外关注、格外关爱、格外关心,千方百计帮助他们排忧解难,把群众的安危冷暖时刻放在心上,把党和政府的温暖送到千家万户。”截至目前,习近平总书记40多次国内考察都把扶贫开发作为重要内容,在陕西延安、贵州贵阳、宁夏银川、山西太原、四川成都等地主持召开脱贫攻坚座谈会,作出一系列重要指示和部署。打好精准脱贫攻坚战,不仅要实现贫困群众不愁吃、不愁穿的“两不愁”,还要实现保障义务教育、基本医疗、住房安全的“三保障”,这充分体现了习近平总书记作为人民领袖对普通群众的真切关心和深厚感情。

良好生态环境是最普惠的民生福祉。当前,我国农产品、工业品、服务产品的供给能力迅速扩大,但优质生态产品的供给能力却在减弱。人民群众对蓝天碧水、清新空气、安全食品、优美环境的呼声和要求越来越强烈,环境保护和污染治理这块短板亟待补齐。环保事关民心。以改善生态环境质量为核心,以解决大气、水、土壤污染等突出问题为重点,坚决打赢环境保护攻坚战,确保生态环境质量得到改善,增加优质生态产品供给,能够满足人民群众对良好生态环境的新期待,提升人民群众获得感、幸福感、安全感。习近平总书记指出,环境就是民生,青山就是美丽,蓝天也是幸福。生态环境没有替代品,用之不觉,失之难存。他还多次强调,必须坚持节约资源和保护环境的基本国策,像保护眼睛一样保护生态环境,像对待生命一样对待生态环境。为改善生态环境,近年来习近平总书记身体力行,带头参加义务植树活动,年年坚持、一以贯之。各级领导干部必须深刻领会习近平总书记绿色发展理念中的人民情怀,高度重视和切实解决环境保护面临的突出问题，向全社会提供更多优质生态产品，更好满足人民日益增长的优美生态环境需要。

（四）三大攻坚战的世界贡献

三大攻坚战直指的突出现实问题并非中国独有，而是很多国家都面临的共同挑战考验。回望过去，我们所付出的努力，为化解全球性难题作出了令人瞩目的积极贡献，充分展现了大国担当；展望未来，打好三大攻坚战，将为全球治理提供具有重要借鉴意义的中国方案，为构建人类命运共同体作出中国贡献。

防范化解金融风险，我们贡献“中国探索”。2008年国际金融危机之后，世界经济处于深度调整期，世界经济复苏乏力，国际金融市场跌宕起伏，保护主义明显抬头，低增长、低通胀、低需求同高失业、高债务、高泡沫等风险交织，金融风险成为各国经济发展的“拦路虎”。在国际金融风险面前，中国党和政府始终有着高度的清醒与警觉。近年来，在一系列整治市场乱象、遏制资金脱实向虚的政策引导下，我国金融业对实体经济的支持力度不断加大，资金“脱实向虚”势头得到一定程度遏制，宏观杠杆率增速已经有所下降。国务院金融稳定发展委员会正式成立，中国银监会与中国保监会合并，金融监管体制改革动作频频，瞄准的就是监管不协调、存在监管真空等问题，为防风险提供更加持久稳固的体制保障。我国金融风险的形成有其深刻的国际背景，打好防范化解金融风险攻坚战也将为稳定全球经济作出重要贡献。我们防范化解金融风险过程中所坚持的“在改革发展中解决问题”战略思维，“结构性去杠杆”基本思路，都将为全球金融风险防范化解提供有益借鉴。

精准脱贫，我们贡献“中国样本”。贫困问题始终是人类共同的挑战和考验，反贫困是人类共同的奋斗目标。放眼全球，很多老人、妇女、儿童依然饱受饥饿和贫穷的折磨，目前全世界仍有数亿人生活在极端贫困中。联合国经社理事会发布的2017年《发展融资：进展与展望》报告显示，如果不加强国际合作和国家层面的行动，到2030年，全球仍将有6.5%的人口面临极度贫困的威胁。为更好推动全球反贫困事业，联合国《千年发展目标》和《2030年可持续发展议程》，都把第一个目标确定为减贫。30多年来，按照世界银行人均每天消费支出1.9美元标准，全球贫困人口持续下降，这其中我国扶贫成就居功至伟，对全球减贫的贡献率高达70%，创造了人类减贫史上的奇迹。未来3年我国将基本消灭绝对贫困，实现现行标准下农村贫困人口全部脱贫。到2020年如期打赢精准脱贫攻坚战，完成现行标准下全部农村贫困人口脱贫，贫困县全部摘帽，解决区域性贫困问题，将提早10年完成联合国《2030年可持续发展议程》确定的“消除一切形式的极端贫困现象"目标。这是我国社会主义制度优越性的重要彰显,也是"四个自信"的具体体现。我们不仅把中国减贫方略、减贫经验毫无保留地提供给发展中国家共享,同时还尽最大努力帮助发展中国家减贫,为全球减贫事业作出新贡献。

污染防治,我们贡献"中国力量"。地球只有一个,建设绿色家园是人类的共同梦想,近年来具有全球性影响的环境问题日益突出。全球气候变化、酸雨、物种灭绝、土地沙漠化、土壤侵蚀等大范围环境危机,威胁着人类生存和发展。2013年9月,习近平主席在哈萨克斯坦纳扎尔巴耶夫大学回答学生提问时明确表示:"我们既要绿水青山,也要金山银山。宁要绿水青山,不要金山银山,而且绿水青山就是金山银山。"这些重要论述深刻阐明了生态环境与生产力之间的关系,饱含尊重自然、谋求人与自然和谐发展的价值理念和发展理念,体现了对自然规律、经济社会发展规律、人类文明进步规律的深刻认识。当前,我国正日益走近世界舞台中央,着力解决突出环境问题,合理承担国际责任和义务,与世界各国共同应对全球环境严峻挑战,增强了我国在全球环境治理体系中的话语权和影响力。多年来,在解决国内环境问题的同时,我国积极参与全球环境治理,已批准加入30多项与生态环境有关的多边公约或议定书。中国的努力,为各国人民同心协力完善全球治理、构建更加公正合理的国际秩序,为全球坚持环境友好、合作应对气候变化等环境问题挑战、保护好人类赖以生存的地球家园开辟了广阔空间。未来,我们将继续坚持源头防治,打赢污染治理的标志性重大战役,重点是打赢蓝天保卫战,调整"四个结构",做到"四减四增",使主要污染物排放总量大幅减少,生态环境质量总体改善。这将在全球应对气候变化等重大环境问题中发挥不可替代的作用。

三、打好决胜全面建成小康社会三大攻坚战应对措施

(一)坚决打好防范化解重大风险攻坚战,是决胜全面建成小康社会的战略保障

在全面建成小康社会的决胜期,我们将会面临一系列艰难险阻,有更多的挑战需要应对、更多的矛盾需要解决、更多的风险需要防范。如果防范不及、化解不力,诸多新旧矛盾和局部风险传导、叠加、演变、升级为重大风险的可能性就会增加。因此,必须将重大风险的防范化解摆在更加突出的位置,坚决打好防范化解重大风险攻坚战,有效应对重大挑战、抵御重大风险、克服重大阻力、解决重大矛盾,为决胜全面建成小康社会保驾护航。坚决打好防范化解重大风险攻坚战,一是要增强风险防控意识。要登高望远、居安思危,全面、清醒、深刻、与时俱进地认

识和把握当前和未来经济社会发展中潜在的各种重大风险，从宏观和微观结合的层面把握其性质、特点、表象、原因，从标本兼治、主动攻防和积极应对的视角，找到防范化解的有效办法。二是要牢固树立底线思维。从排查防范最困难、最危险的风险着眼，加大风险防范力度，尤其要注意防范各种不可预料的风险，坚决避免发生系统性、颠覆性风险。三是要积极防范、有效化解重点领域的重大风险。加强对国际国内重点领域重大风险因素的调查研判、系统评估和科学管控，积极消除或控制各种存量风险，有效预防或减少各种增量风险。

（二）坚决打好精准脱贫攻坚战，是决胜全面建成小康社会的底线任务

消除贫困、改善民生、逐步实现共同富裕，是社会主义的本质要求。在全面建成小康社会的决胜期，我国脱贫攻坚形势依然严峻。要深刻认识如期完成脱贫攻坚任务的艰巨性、重要性和紧迫性，强化矢志扶贫、决战脱贫的使命担当，以更大的决心、更强的责任感、更明确的思路、更精准的举措，着力破解制约脱贫的关键瓶颈和突出困难，科学有效如期打赢脱贫攻坚战，确保贫困人口和贫困地区同全国一道进入全面小康社会。

坚决打好脱贫攻坚战，一是要进一步强化责任担当。要对省、市、县各级组织的扶贫责任进行细分和明确，进一步加强组织领导、压实责任。二是要构建政府、市场、社会协同发力的大扶贫格局。加快培育扶贫类社会组织，完善政府购买扶贫服务的体制机制，深化政府与市场主体扶贫脱贫合作机制。三是要坚持突出重点，攻克深度贫困堡垒。随着脱贫攻坚的不断深入，深度贫困地区和深度贫困问题越发突出，成为脱贫攻坚这场硬仗中的硬仗。深度贫困往往出现在老、少、边、山地区，贫困问题具有整体性、区域性、顽固性等特点。对此，各地区各部门要以必胜的信心，提供更加集中的支持，采取更加有效的举措，加大对深度贫困地区的政策、资源倾斜力度，解决区域性整体贫困。针对贫困群众的精神贫困问题，要采取扶贫与扶志、扶智相结合的办法，激发其脱贫内生动力，提高其致富发展能力，阻断贫困现象的代际传递。四是要深入实施东西部扶贫协作。构建东西部扶贫协作长效机制，为打赢脱贫攻坚战提供有力支撑。确定东西部扶贫协作的目标、任务、保障措施和考核评估办法，明确协作双方的权利、义务，促进东西部开展多层次扶贫协作，建立精准对接机制，以此实现东西部优势互补、融合发展。五是要大力实施乡村振兴战略，提高精准脱贫效果的可持续性。打赢脱贫攻坚战，不仅意味着脱贫攻坚当前目标的实现，也要为长远目标的实现打下基础。为此，还要借助乡村振兴战略的推进和实施，进一步深化农村集体产权制度改革，完善农业支持保护制度，健全农业社会化服务体系，逐步构建现代农业产业体系、生产体系

和经营体系,实现小农户和现代农业发展的有机衔接,支持和鼓励农民就业创业,有效拓宽农民增收渠道。

(三)坚决打好污染防治攻坚战,是决胜全面建成小康社会的迫切需要

良好的生态环境既是广大人民群众的热切期盼,也是全面小康社会重要的衡量标准之一。因此,在全面建成小康社会的决胜期,必须树立和践行绿水青山就是金山银山的理念,像对待生命一样对待生态环境,以对人民群众、对子孙后代高度负责的使命担当,以改革创新精神打好污染防治攻坚战,真正下决心把环境污染治理好,还自然以宁静、和谐、美丽,满足人民群众日益增长的优美生态环境需要。

坚决打好污染防治攻坚战,一是要清醒认识治理污染的紧迫性和艰巨性。要深刻学习领会习近平总书记关于社会主义生态文明建设的重要论述,认真落实中央的决策部署,坚持问题导向和目标导向,以时不我待的紧迫感和过硬的治污举措,完善铁腕治污常态化机制,强力推进污染治理工作。二是要着力解决突出环境问题。污染治理是一项系统工程,必须统筹规划、整体推进,但在具体操作中,又要分清轻重缓急,抓住主要矛盾。当前和今后一个时期,要以解决大气、水、土壤污染等突出问题为重点,通过强化污染源治理、严格落实河长制等途径,持续实施大气污染、水污染、土壤污染防治行动计划,打赢蓝天保卫战,全面提升大气、水体、土壤环境质量,减少排污总量,严防新增污染,守住环境门槛,使污染排放降下来,环境质量好起来,以污染防治的实际成效取信于民。三是要构建全民共治的污染治理体系。各级政府要切实负起责任,敢于拒绝高污染低效率产业,敢于治理产能过剩等问题;通过实施企业环境信用评价、失信联合惩戒机制,引导、约束企业在现有环境制度框架范围内改善生产经营方式,由末端治理转向源头预防;适应社会公众生态环境权益意识普遍觉醒的新趋势新要求,引导社会公众在污染治理领域的有序参与,借助其强大的社会合力,从根本上扭转当前环境污染的困局。四是要构建污染防治长效机制。加快环保信息强制性披露、严惩重罚等基础制度建设,筑牢制度屏障;严格执行环保法律制度,以零容忍态度坚决制止和打击各类环境违法行为;针对一些反复出现、屡禁不止的污染问题,要通过自上而下的环保督察,及时追责、顶格问责,以重典治乱的标准打好污染防治持久战,推动形成人与自然和谐发展现代化建设新格局。

思考问题

1. 打好三大攻坚战与实现中国梦有何关系？

2. 联系实际，谈谈打好三大攻坚战我们可以采取哪些举措。

参考文献

1. 打好决胜小康三大攻坚战[EB/OL].（2017-10-24）[2018-06-25]. http://cpc.people.com.cn/19th/n1/2017/1024/c414305-29605365.html.

2. 三大攻坚战"作战图"和盘托出[EB/OL].（2018-03-07）[2018-06-28]. http://www.xinhuanet.com/money/2018-03/07/c_129824418.htm.

3. 王一彪. 深刻认识打好三大攻坚战的重大意义[EB/OL].（2018-04-25）[2018-06-28]. http://www.wenming.cn/djw/djw2016sy/djw2016xxll/201804/t20180425_4666027.shtml.

4. 蒋文龄，马国君，刘雅静. 坚决打好决胜全面小康三大攻坚战[N]. 经济日报，2018-03-01.

专题七

新时代中国乡村振兴战略

实施乡村振兴战略，是党的十九大作出的重大决策部署，是决胜全面建成小康社会、全面建设社会主义现代化国家的重大历史任务，是新时代“三农”工作的总抓手，是解决人民日益增长的美好生活需要和不平衡不充分的发展之间矛盾的必然要求，是实现“两个一百年”奋斗目标的必然要求，同时也是实现全体人民共同富裕的必然要求。

一、乡村振兴战略的提出

振兴与衰落相对立，乡村振兴战略针对的是乡村的衰落。乡村的衰落是与城市的兴盛相比较而言的。改革开放40年的成果之一就是我国城市地区迅猛发展，一二线城市可以媲美西方发达国家。这一发展趋势拉大了我国城乡之间的差距，改变了我国社会结构。2.6亿农民工进城，大量青壮年劳动力转向城市建设市场，诸多优秀人才选择在城市就业，城乡差距越来越大，这些变化使得乡村出现了空巢村、老人村、留守儿童村、贫困村等现象，乡村衰落已成为中国（尤其是西部）广大农村的现实。

在此背景下，习近平在党的十九大报告中首次提出乡村振兴战略。他把乡村振兴战略与科教兴国战略、人才强国战略、创新驱动发展战略、区域协调发展战略、可持续发展战略、军民融合发展战略并列为党和国家未来发展的“七大战略”，足见其对乡村振兴战略的高度重视。作为国家战略，它是关系全局性、长远性、前瞻性的国家总布局，是国家发展的核心和关键问题。

这一战略的提出，关系到我国是否能从根本上解决城乡差别，乡村发展不平衡、不充分的问题，也关系到中国整体发展是否均衡，是否能实现城乡统筹的可持续发展的问题。

二、实施乡村振兴战略的重大意义

（一）乡村振兴战略是新时代“三农”工作的总抓手

农业农村农民问题是关系国计民生的根本性问题。没有农业农村的现代化，就没有国家的现代化。然而，我国农村发展不平衡、不充分的问题十分突出，主要表现在：农产品阶段性供过于求和供给不足并存，农业供给质量亟待提高；农民适应生产力发展和市场竞争的能力不足，新型职业农民队伍建设亟需加强；农村基础设施和民生领域欠账较多，农村环境和生态问题比较突出，乡村发展整体水平亟待提升；国家支农体系相对薄弱，农村金融改革任务繁重，城乡之间要素合理流动机制亟待健全；农村基层党建存在薄弱环节，乡村治理体系和治理能力亟待强化。

实施乡村振兴战略，是要从根本上解决目前我国农业不发达、农村不兴旺、农民不富裕的“三农”问题。这一战略，必须始终把解决好“三农”问题作为全党工作的重中之重。因为在全面建成小康进程中，在工业化、城镇化、信息化和农业现代化同步发展过程中，农业现代化这条短腿和农村现代化这个短板还没有补齐。习近平总书记指出：“没有农业现代化，没有农村繁荣富强，没有农民安居乐业，国家现代化是不完整、不全面、不牢固的。”

乡村振兴战略的实施是我们党在农业农村发展理论和实践上的又一次重大飞跃。它把解决“三农”问题放到重构乡村发展战略目标任务的高度来进行谋划，拓宽了我国“三农”问题的发展思路，为新时代“三农”指明了工作方向，也是解决新时代“三农”问题、全面激发农村发展活力的行动指南。所以说，乡村振兴战略是新时代“三农”工作的总抓手。

（二）乡村振兴战略是决胜全面建成小康社会的重大历史任务

党的十九大报告把乡村振兴战略作为党和国家重大战略，这是基于我国社会现阶段发展的实际需要而确定的，是符合我国全面实现小康，迈向社会主义现代化强国的需要而明确的，是中国特色社会主义建设进入新时代的客观要求。

乡村不发展，中国就不可能真正发展；乡村社会不实现小康，中国社会就不可能全面实现小康；广大农村居民不能过上小康生活，中国就不能建成全面小康社会。所以，乡村振兴战略对我国全面建成小康社会，实现中华民族伟大复兴的中国梦有着重要的意义。

（三）乡村振兴战略是解决我国城乡发展不平衡、不充分的必然要求

改革开放以来，随着我国经济的高速发展和城市化的深入推进，我国城乡出现分化，目前最大的不平衡是城乡之间发展的不平衡和农村内部发展的不平衡，最大的不充分是“三农”发展的不充分，包括农业现代化发展的不充分、社会主义新农村建设的不充分、农民群体提高教科文卫发展水平和共享现代社会发展成果

的不充分等。

习近平总书记指出:“任何时候都不能忽视农业、不能忘记农民、不能淡漠农村;中国要强,农业必须强;中国要美,农村必须美;中国要富,农民必须富。”提出实施乡村振兴战略是顺势而为,适逢其时。乡村振兴战略建立在深刻认识我国城乡关系变化趋势、总结国内外城乡发展规律、学习借鉴其他国家实现农业农村现代化正反两方面经验教训的基础上,是解决我国城乡发展不平衡、不充分的战略选择。

三、实施乡村振兴战略的总体要求

乡村振兴战略,就是坚持农村优先发展,按照实现产业兴旺、生态宜居、乡风文明、治理有效、生活富裕的总要求,推动城乡一体、融合发展,推进农业农村现代化。

(一) 指导思想

实施乡村振兴战略要全面贯彻党的十九大精神,以习近平新时代中国特色社会主义思想为指导,加强党对“三农”工作的领导,坚持稳中求进工作总基调,牢固树立新发展理念,落实高质量发展的要求,紧紧围绕统筹推进“五位一体”总体布局和协调推进“四个全面”战略布局,坚持把解决好“三农”问题作为全党工作重中之重,坚持农业农村优先发展,按照产业兴旺、生态宜居、乡风文明、治理有效、生活富裕的总要求,建立健全城乡融合发展体制机制和政策体系,统筹推进农村经济建设、政治建设、文化建设、社会建设、生态文明建设和党的建设,加快推进乡村治理体系和治理能力现代化,加快推进农业农村现代化,走中国特色社会主义乡村振兴道路,让农业成为有奔头的产业,让农民成为有吸引力的职业,让农村成为安居乐业的美丽家园。

(二) 目标任务

实施乡村振兴战略的目标任务是:到 2020 年,乡村振兴取得重要进展,制度框架和政策体系基本形成。农业综合生产能力稳步提升,农业供给体系质量明显提高,农村一二三产业融合发展水平进一步提升;农民增收渠道进一步拓宽,城乡居民生活水平差距持续缩小;现行标准下农村贫困人口实现脱贫,贫困县全部摘帽,解决区域性整体贫困;农村基础设施建设深入推进,农村人居环境明显改善,美丽宜居乡村建设扎实推进;城乡基本公共服务均等化水平进一步提高,城乡融合发展体制机制初步建立;农村对人才吸引力逐步增强;农村生态环境明显好转,农业生态服务能力进一步提高;以党组织为核心的农村基层组织建设进一步加强，乡村治理体系进一步完善；党的农村工作领导体制机制进一步健全；各地区各部门推进乡村振兴的思路举措得以确立。

到2035年，乡村振兴取得决定性进展，农业农村现代化基本实现。农业结构得到根本性改善，农民就业质量显著提高，相对贫困进一步缓解，共同富裕迈出坚实步伐；城乡基本公共服务均等化基本实现，城乡融合发展体制机制更加完善；乡风文明达到新高度，乡村治理体系更加完善；农村生态环境根本好转，美丽宜居乡村基本实现。

到2050年，乡村全面振兴，农业强、农村美、农民富全面实现。

四、实施乡村振兴战略的基本原则

（1）坚持党管农村工作。毫不动摇地坚持和加强党对农村工作的领导，健全党管农村工作领导体制机制和党内法规，确保党在农村工作中始终总揽全局、协调各方，为乡村振兴提供坚强有力的政治保障。

（2）坚持农业农村优先发展。把实现乡村振兴作为全党的共同意志、共同行动，做到认识统一、步调一致，在干部配备上优先考虑，在要素配置上优先满足，在资金投入上优先保障，在公共服务上优先安排，加快补齐农业农村短板。

（3）坚持农民主体地位。充分尊重农民意愿，切实发挥农民在乡村振兴中的主体作用，调动亿万农民的积极性、主动性、创造性，把维护农民群众根本利益、促进农民共同富裕作为出发点和落脚点，促进农民持续增收，不断提升农民的获得感、幸福感、安全感。

（4）坚持乡村全面振兴。准确把握乡村振兴的科学内涵，挖掘乡村多种功能和价值，统筹谋划农村经济建设、政治建设、文化建设、社会建设、生态文明建设和党的建设，注重协同性、关联性，整体部署，协调推进。

（5）坚持城乡融合发展。坚决破除体制机制弊端，使市场在资源配置中起决定性作用，更好发挥政府作用，推动城乡要素自由流动、平等交换，推动新型工业化、信息化、城镇化、农业现代化同步发展，加快形成工农互促、城乡互补、全面融合、共同繁荣的新型工农城乡关系。

五、实施乡村振兴战略的具体举措

（一）提升农业发展质量，培育乡村发展新动能

乡村振兴，产业兴旺是重点。乡村的发展必然要有兴旺发达的产业支撑，只有在乡村实现因地制宜、突出特点、发挥优势，形成居于市场竞争力又能可持续发展的现代农业产业体系，乡村才能有活力，经济才能大发展。

提升农业发展水平,必须坚持质量兴农、绿色兴农,以农业供给侧结构性改革为主线,加快构建现代农业产业体系、生产体系、经营体系,提高农业创新力、竞争力和全要素生产率,加快实现由农业大国向农业强国转变。

(1) 夯实农业生产能力基础。深入实施藏粮于地、藏粮于技战略,严守耕地红线,确保国家粮食安全,把中国人的饭碗牢牢端在自己手中。全面落实永久基本农田特殊保护制度,加快划定和建设粮食生产功能区、重要农产品生产保护区,完善支持政策。大规模推进农村土地整治和高标准农田建设,稳步提升耕地质量,强化监督考核和地方政府责任。加强农田水利建设,提高抗旱防洪除涝能力。实施国家农业节水行动,加快灌区续建配套与现代化改造,推进小型农田水利设施达标提质,建设一批重大高效节水灌溉工程。加快建设国家农业科技创新体系,加强面向全行业的科技创新基地建设。深化农业科技成果转化和推广应用改革。加快发展现代农作物、畜禽、水产、林木种业,提升自主创新能力。推进我国农机装备产业转型升级,加强科研机构、设备制造企业联合攻关,进一步提高大宗农作物机械国产化水平,加快研发经济作物、养殖业、丘陵山区农林机械,发展高端农机装备制造。优化农业从业者结构,加快建设知识型、技能型、创新型农业经营者队伍。大力发展数字农业,实施智慧农业林业水利工程,推进物联网试验示范和遥感技术应用。

(2) 实施质量兴农战略。制定和实施国家质量兴农战略规划,建立健全质量兴农评价体系、政策体系、工作体系和考核体系。深入推进农业绿色化、优质化、特色化、品牌化,调整优化农业生产力布局,推动农业由增产导向转向提质导向。推进特色农产品优势区创建,建设现代农业产业园、农业科技园。实施产业兴村强县行动,推行标准化生产,培育农产品品牌,保护地理标志农产品,打造一村一品、一县一业发展新格局。加快发展现代高效林业,实施兴林富民行动,推进森林生态标志产品建设工程。加强植物病虫害、动物疫病防控体系建设。优化养殖业空间布局,大力发展绿色生态健康养殖,做大做强民族奶业。统筹海洋渔业资源开发,科学布局近远海养殖和远洋渔业,建设现代化海洋牧场。建立产学研融合的农业科技创新联盟,加强农业绿色生态、提质增效技术研发应用。切实发挥农垦在质量兴农中的带动引领作用。

(3) 构建农村一二三产业融合发展体系。大力开发农业多种功能,延长产业链、提升价值链、完善利益链,通过保底分红、股份合作、利润返还等多种形式,让农民合理分享全产业链增值收益。实施农产品加工业提升行动,鼓励企业兼并重组,淘汰落后产能,支持主产区农产品就地加工转化增值。重点解决农产品销售中的突出问题，加强农产品产后分级、包装、营销，建设现代化农产品冷链仓储物流体系，打造农产品销售公共服务平台，支持供销、邮政及各类企业把服务网点延伸到乡村，健全农产品产销稳定衔接机制，大力建设具有广泛性的促进农村电子商务发展的基础设施，鼓励支持各类市场主体创新发展基于互联网的新型农业产业模式，深入实施电子商务进农村综合示范，加快推进农村流通现代化。实施休闲农业和乡村旅游精品工程，建设一批设施完备、功能多样的休闲观光园区、森林人家、康养基地、乡村民宿、特色小镇。

(4) 构建农业对外开放新格局。优化资源配置，着力节本增效，提高我国农产品国际竞争力。实施特色优势农产品出口提升行动，扩大高附加值农产品出口。建立健全我国农业贸易政策体系。深化与“一带一路”沿线国家和地区农产品贸易关系。积极支持农业走出去，培育具有国际竞争力的大粮商和农业企业集团。积极参与全球粮食安全治理和农业贸易规则制定，促进形成更加公平合理的农业国际贸易秩序。进一步加大农产品反走私综合治理力度。

(5) 促进小农户和现代农业发展有机衔接。统筹兼顾培育新型农业经营主体和扶持小农户，采取有针对性的措施，把小农生产引入现代农业发展轨道。培育各类专业化市场化服务组织，推进农业生产全程社会化服务，帮助小农户节本增效。发展多样化的联合与合作，提升小农户组织化程度。注重发挥新型农业经营主体带动作用，打造区域公用品牌，开展农超对接、农社对接，帮助小农户对接市场。扶持小农户发展生态农业、设施农业、体验农业、定制农业，提高产品档次和附加值，拓展增收空间。改善小农户生产设施条件，提升小农户抗风险能力。研究制定扶持小农生产的政策意见。

（二）推进乡村绿色发展，建设生态宜居新农村

乡村振兴，生态宜居是关键。良好生态环境是农村最大优势和宝贵财富。必须尊重自然、顺应自然、保护自然，推动乡村自然资本加快增值，实现百姓富、生态美的统一；必须充分科学合理利用自然山水资源，有效保护生态环境，祛除乡村生活陋习，治理美化乡村生活环境，真正使乡村成为山清水秀、天高云淡、风景如画的充满希望的田野和生态宜居的美丽乡村。

(1) 统筹山水林田湖草系统治理。把山水林田湖草作为一个生命共同体，进行统一保护、统一修复。实施重要生态系统保护和修复工程。健全耕地草原森林河流湖泊休养生息制度，分类有序退出超载的边际产能。扩大耕地轮作休耕制度试点。科学划定江河湖海限捕、禁捕区域，健全水生生态保护修复制度。实行水资源消耗总量和强度双控行动。开展河湖水系连通和农村河塘清淤整治，全面推

行河长制、湖长制。加大农业水价综合改革工作力度。开展国土绿化行动,推进荒漠化、石漠化、水土流失综合治理。强化湿地保护和恢复,继续开展退耕还湿。完善天然林保护制度,把所有天然林都纳入保护范围。扩大退耕还林还草、退牧还草,建立成果巩固长效机制。

(2) 加强农村突出环境问题综合治理。加强农业面源污染防治,开展农业绿色发展行动,实现投入品减量化、生产清洁化、废弃物资源化、产业模式生态化。推进有机肥替代化肥、畜禽粪污处理、农作物秸秆综合利用、废弃农膜回收、病虫害绿色防控。加强农村水环境治理和农村饮用水水源保护,实施农村生态清洁小流域建设。扩大华北地下水超采区综合治理范围。推进重金属污染耕地防控和修复,开展土壤污染治理与修复技术应用试点,加大东北黑土地保护力度。实施流域环境和近岸海域综合治理。严禁工业和城镇污染向农业农村转移。加强农村环境监管能力建设,落实县乡两级农村环境保护主体责任。

(3) 建立市场化多元化生态补偿机制。落实农业功能区制度,加大重点生态功能区转移支付力度,完善生态保护成效与资金分配挂钩的激励约束机制。鼓励地方在重点生态区位推行商品林赎买制度。健全地区间、流域上下游之间横向生态保护补偿机制,探索建立生态产品购买、森林碳汇等市场化补偿制度。建立长江流域重点水域禁捕补偿制度。推行生态建设和保护以工代赈做法,提供更多生态公益岗位。

(4) 增加农业生态产品和服务供给。正确处理开发与保护的关系,运用现代科技和管理手段,将乡村生态优势转化为发展生态经济的优势,提供更多更好的绿色生态产品和服务,促进生态和经济良性循环。加快发展森林草原旅游、河湖湿地观光、冰雪海上运动、野生动物驯养观赏等产业,积极开发观光农业、游憩休闲、健康养生、生态教育等服务。创建一批特色生态旅游示范村镇和精品线路,打造绿色生态环保的乡村生态旅游产业链。

(三) 繁荣兴盛农村文化,焕发乡风文明新气象

乡村振兴,乡风文明是保障。实施乡村振兴战略必须坚持物质文明和精神文明一起抓,提升农民精神风貌,培育文明乡风、良好家风、淳朴民风,不断提高乡村社会文明程度;弘扬乡土气息的优秀传统文化,树立社会主义核心价值观的新风尚,使整个乡村社会乡邻和睦、乡风文明。

(1) 加强农村思想道德建设。以社会主义核心价值观为引领,坚持教育引导、实践养成、制度保障三管齐下,采取符合农村特点的有效方式,深化中国特色社会主义和中国梦宣传教育,大力弘扬民族精神和时代精神。加强爱国主义、集体主

义、社会主义教育,深化民族团结进步教育,加强农村思想文化阵地建设。深入实施公民道德建设工程,挖掘农村传统道德教育资源,推进社会公德、职业道德、家庭美德、个人品德建设。推进诚信建设,强化农民的社会责任意识、规则意识、集体意识、主人翁意识。

(2) 传承发展提升农村优秀传统文化。立足乡村文明,吸取城市文明及外来文化优秀成果,在保护传承的基础上,创造性转化、创新性发展,不断赋予时代内涵、丰富表现形式。切实保护好优秀农耕文化遗产,推动优秀农耕文化遗产合理适度利用。深入挖掘农耕文化蕴含的优秀思想观念、人文精神、道德规范,充分发挥其在凝聚人心、教化群众、淳化民风中的重要作用。划定乡村建设的历史文化保护线,保护好文物古迹、传统村落、民族村寨、传统建筑、农业遗迹、灌溉工程遗产。支持农村地区优秀戏曲曲艺、少数民族文化、民间文化等传承发展。

(3) 加强农村公共文化建设。按照有标准、有网络、有内容、有人才的要求,健全乡村公共文化服务体系。发挥县级公共文化机构辐射作用,推进基层综合性文化服务中心建设,实现乡村两级公共文化服务全覆盖,提升服务效能。深入推进文化惠民,公共文化资源要重点向乡村倾斜,提供更多更好的农村公共文化产品和服务。支持“三农”题材文艺创作生产,鼓励文艺工作者不断推出反映农民生产生活尤其是乡村振兴实践的优秀文艺作品,充分展示新时代农村农民的精神面貌。培育挖掘乡土文化本土人才,开展文化结对帮扶,引导社会各界人士投身乡村文化建设。

(4) 开展移风易俗行动。广泛开展文明村镇、星级文明户、文明家庭等群众性精神文明创建活动。遏制大操大办、厚葬薄养、人情攀比等陈规陋习。加强无神论宣传教育,丰富农民群众精神文化生活,抵制封建迷信活动。深化农村殡葬改革。加强农村科普工作,提高农民科学文化素养。

(四) 加强农村基层基础工作,构建乡村治理新体系

乡村振兴,治理有效是基础。必须把夯实基层基础作为固本之策,建立健全党委领导、政府负责、社会协同、公众参与、法治保障的现代乡村社会治理体制,坚持自治、法治、德治相结合,确保乡村社会充满活力、和谐有序。

(1) 加强农村基层党组织建设。扎实推进抓党建促乡村振兴,突出政治功能,提升组织力,抓乡促村,把农村基层党组织建成坚强战斗堡垒。强化农村基层党组织领导核心地位,创新组织设置和活动方式,持续整顿软弱涣散村党组织,稳妥有序开展不合格党员处置工作,着力引导农村党员发挥先锋模范作用。建立选派第一书记工作长效机制,全面向贫困村、软弱涣散村和集体经济薄弱村党组织派

出第一书记。实施农村带头人队伍整体优化提升行动,注重吸引高校毕业生、农民工、机关企事业单位优秀党员干部到村任职,选优配强村党组织书记。健全从优秀村党组织书记中选拔乡镇领导干部、考录乡镇机关公务员、招聘乡镇事业编制人员制度。加大在优秀青年农民中发展党员力度。建立农村党员定期培训制度。推行村级小微权力清单制度,加大基层小微权力腐败惩处力度。严厉整治惠农补贴、集体资产管理、土地征收等领域侵害农民利益的不正之风和腐败问题。

(2) 深化村民自治实践。坚持自治为基,加强农村群众性自治组织建设,健全和创新村党组织领导的充满活力的村民自治机制。推动村党组织书记通过选举担任村委会主任。发挥自治章程、村规民约的积极作用。全面建立健全村务监督委员会,推行村级事务阳光工程。依托村民会议、村民代表会议、村民议事会、村民理事会、村民监事会等,形成民事民议、民事民办、民事民管的多层次基层协商格局。积极发挥新乡贤作用。推动乡村治理重心下移,尽可能把资源、服务、管理下放到基层。继续开展以村民小组或自然村为基本单元的村民自治试点工作。加强农村社区治理创新。创新基层管理体制机制,整合优化公共服务和行政审批职责,打造"一门式办理""一站式服务"的综合服务平台。在村庄普遍建立网上服务站点,逐步形成完善的乡村便民服务体系。大力培育服务性、公益性、互助性农村社会组织,积极发展农村社会工作和志愿服务。集中清理上级对村级组织考核评比多、创建达标多、检查督查多等突出问题。维护村民委员会、农村集体经济组织、农村合作经济组织的特别法人地位和权利。

(3) 建设法治乡村。坚持法治为本,树立依法治理理念,强化法律在维护农民权益、规范市场运行、农业支持保护、生态环境治理、化解农村社会矛盾等方面的权威地位。增强基层干部法治观念、法治为民意识,将政府涉农各项工作纳入法治化轨道。深入推进综合行政执法改革向基层延伸,创新监管方式,推动执法队伍整合、执法力量下沉,提高执法能力和水平。建立健全乡村调解、县市仲裁、司法保障的农村土地承包经营纠纷调处机制。加大农村普法力度,提高农民法治素养,引导广大农民增强尊法学法守法用法意识。健全农村公共法律服务体系,加强对农民的法律援助和司法救助。

(4) 提升乡村德治水平。深入挖掘乡村熟人社会蕴含的道德规范,结合时代要求进行创新,强化道德教化作用,引导农民向上向善、孝老爱亲、重义守信、勤俭持家。建立道德激励约束机制,引导农民自我管理、自我教育、自我服务、自我提高,实现家庭和睦、邻里和谐、干群融洽。广泛开展好媳妇、好儿女、好公婆等评选表彰活动,开展寻找最美乡村教师、医生、村官、家庭等活动。深入宣传道德模范、身边好人的典型事迹，弘扬真善美，传播正能量。

(5) 建设平安乡村。健全落实社会治安综合治理领导责任制，大力推进农村社会治安防控体系建设，推动社会治安防控力量下沉。深入开展扫黑除恶专项斗争，严厉打击农村黑恶势力、宗族恶势力，严厉打击黄赌毒盗拐骗等违法犯罪。依法加大对农村非法宗教活动和境外渗透活动打击力度，依法制止利用宗教干预农村公共事务，继续整治农村乱建庙宇、滥塑宗教造像。完善县乡村三级综治中心功能和运行机制。健全农村公共安全体系，持续开展农村安全隐患治理。加强农村警务、消防、安全生产工作，坚决遏制重特大安全事故。探索以网格化管理为抓手、以现代信息技术为支撑，实现基层服务和管理精细化精准化。

（五）提高农村民生保障水平，塑造美丽乡村新风貌

乡村振兴，生活富裕是根本。要坚持人人尽责、人人享有，按照抓重点、补短板、强弱项的要求，围绕农民群众最关心最直接最现实的利益问题，一件事情接着一件事情办，一年接着一年干，把乡村建设成为幸福美丽新家园。

(1) 优先发展农村教育事业。高度重视发展农村义务教育，推动建立以城带乡、整体推进、城乡一体、均衡发展的义务教育发展机制。全面改善薄弱学校基本办学条件，加强寄宿制学校建设。实施农村义务教育学生营养改善计划。发展农村学前教育。推进农村普及高中阶段教育，支持教育基础薄弱县普通高中建设，加强职业教育，逐步分类推进中等职业教育免除学杂费。健全学生资助制度，使绝大多数农村新增劳动力接受高中阶段教育、更多接受高等教育。把农村需要的人群纳入特殊教育体系。以市县为单位，推动优质学校辐射农村薄弱学校常态化。统筹配置城乡师资，并向乡村倾斜，建好建强乡村教师队伍。

(2) 促进农村劳动力转移就业和农民增收。健全覆盖城乡的公共就业服务体系，大规模开展职业技能培训，促进农民工多渠道转移就业，提高就业质量。深化户籍制度改革，促进有条件、有意愿、在城镇有稳定就业和住所的农业转移人口在城镇有序落户，依法平等享受城镇公共服务。加强扶持引导服务，实施乡村就业创业促进行动，大力发展文化、科技、旅游、生态等乡村特色产业，振兴传统工艺。培育一批家庭工场、手工作坊、乡村车间，鼓励在乡村地区兴办环境友好型企业，实现乡村经济多元化，提供更多就业岗位。拓宽农民增收渠道，鼓励农民勤劳守法致富，增加农村低收入者收入，扩大农村中等收入群体，保持农村居民收入增速快于城镇居民。

(3) 推动农村基础设施提挡升级。继续把基础设施建设重点放在农村，加快农村公路、供水、供气、环保、电网、物流、信息、广播电视等基础设施建设，推动城

乡基础设施互联互通。以示范县为载体全面推进“四好农村路”建设,加快实施通村组硬化路建设。加大成品油消费税转移支付资金用于农村公路养护力度。推进节水供水重大水利工程,实施农村饮水安全巩固提升工程。加快新一轮农村电网改造升级,制定农村通动力电规划,推进农村可再生能源开发利用。实施数字乡村战略,做好整体规划设计,加快农村地区宽带网络和第四代移动通信网络覆盖步伐,开发适应“三农”特点的信息技术、产品、应用和服务,推动远程医疗、远程教育等应用普及,弥合城乡数字鸿沟。提升气象为农服务能力。加强农村防灾减灾救灾能力建设。抓紧研究提出深化农村公共基础设施管护体制改革指导意见。

(4) 加强农村社会保障体系建设。完善统一的城乡居民基本医疗保险制度和大病保险制度,做好农民重特大疾病救助工作。巩固城乡居民医保全国异地就医联网直接结算。完善城乡居民基本养老保险制度,建立城乡居民基本养老保险待遇确定和基础养老金标准正常调整机制。统筹城乡社会救助体系,完善最低生活保障制度,做好农村社会救助兜底工作。将进城落户农业转移人口全部纳入城镇住房保障体系。构建多层次农村养老保障体系,创新多元化照料服务模式。健全农村留守儿童和妇女、老年人以及困境儿童关爱服务体系。加强和改善农村残疾人服务。

(5) 推进健康乡村建设。强化农村公共卫生服务,加强慢性病综合防控,大力推进农村地区精神卫生、职业病和重大传染病防治。完善基本公共卫生服务项目补助政策,加强基层医疗卫生服务体系建设,支持乡镇卫生院和村卫生室改善条件。加强乡村中医药服务。开展和规范家庭医生签约服务,加强妇幼、老人、残疾人等重点人群健康服务。倡导优生优育。深入开展乡村爱国卫生运动。

(6) 持续改善农村人居环境。实施农村人居环境整治三年行动计划,以农村垃圾、污水治理和村容村貌提升为主攻方向,整合各种资源,强化各种举措,稳步有序推进农村人居环境突出问题治理。坚持不懈推进农村“厕所革命”,大力开展农村户用卫生厕所建设和改造,同步实施粪污治理,加快实现农村无害化卫生厕所全覆盖,努力补齐影响农民群众生活品质的短板。总结推广适用不同地区的农村污水治理模式,加强技术支撑和指导。深入推进农村环境综合整治。推进北方地区农村散煤替代,有条件的地方有序推进煤改气、煤改电和新能源利用。逐步建立农村低收入群体安全住房保障机制。强化新建农房规划管控,加强“空心村”服务管理和改造。保护保留乡村风貌,开展田园建筑示范,培养乡村传统建筑名匠。实施乡村绿化行动,全面保护古树名木。持续推进宜居宜业的美丽乡村建设。

（六）推进体制机制创新，强化乡村振兴制度性供给

实施乡村振兴战略，必须把制度建设贯穿其中。要以完善产权制度和要素市场化配置为重点，激活主体、激活要素、激活市场，着力增强改革的系统性、整体性、协同性。

(1) 巩固和完善农村基本经营制度。落实农村土地承包关系稳定并长久不变政策，衔接落实好第二轮土地承包到期后再延长 30 年的政策，让农民吃上长效“定心丸”。全面完成土地承包经营权确权登记颁证工作，实现承包土地信息联通共享。完善农村承包地“三权分置”制度，在依法保护集体土地所有权和农户承包权前提下，平等保护土地经营权。农村承包土地经营权可以依法向金融机构融资担保、入股从事农业产业化经营。实施新型农业经营主体培育工程，培育发展家庭农场、合作社、龙头企业、社会化服务组织和农业产业化联合体，发展多种形式适度规模经营。

(2) 深化农村土地制度改革。系统总结农村土地征收、集体经营性建设用地入市、宅基地制度改革试点经验，逐步扩大试点，加快土地管理法修改，完善农村土地利用管理政策体系。扎实推进房地一体的农村集体建设用地和宅基地使用权确权登记颁证。完善农民闲置宅基地和闲置农房政策，探索宅基地所有权、资格权、使用权“三权分置”，落实宅基地集体所有权，保障宅基地农户资格权和农民房屋财产权，适度放活宅基地和农民房屋使用权，不得违规违法买卖宅基地，严格实行土地用途管制，严格禁止下乡利用农村宅基地建设别墅大院和私人会馆。在符合土地利用总体规划前提下，允许县级政府通过村土地利用规划，调整优化村庄用地布局，有效利用农村零星分散的存量建设用地；预留部分规划建设用地指标用于单独选址的农业设施和休闲旅游设施等建设。对利用收储农村闲置建设用地发展农村新产业新业态的，给予新增建设用地指标奖励。进一步完善设施农用地政策。

(3) 深入推进农村集体产权制度改革。全面开展农村集体资产清产核资、集体成员身份确认，加快推进集体经营性资产股份合作制改革。推动资源变资产、资金变股金、农民变股东，探索农村集体经济新的实现形式和运行机制。坚持农村集体产权制度改革正确方向，发挥村党组织对集体经济组织的领导核心作用，防止内部少数人控制和外部资本侵占集体资产。维护进城落户农民土地承包权、宅基地使用权、集体收益分配权，引导进城落户农民依法自愿有偿转让上述权益。研究制定农村集体经济组织法，充实农村集体产权权能。全面深化供销合作社综合改革，深入推进集体林权、水利设施产权等领域改革，做好农村综合改革、农村

改革试验区等工作。

(4) 完善农业支持保护制度。以提升农业质量效益和竞争力为目标,强化绿色生态导向,创新完善政策工具和手段,扩大“绿箱”政策的实施范围和规模,加快建立新型农业支持保护政策体系。深化农产品收储制度和价格形成机制改革,加快培育多元市场购销主体,改革完善中央储备粮管理体制。通过完善拍卖机制、定向销售、包干销售等,加快消化政策性粮食库存。落实和完善对农民直接补贴制度,提高补贴效能。健全粮食主产区利益补偿机制。探索开展稻谷、小麦、玉米三大粮食作物完全成本保险和收入保险试点,加快建立多层次农业保险体系。

(七) 汇聚全社会力量,强化乡村振兴人才支撑

实施乡村振兴战略,必须破解人才瓶颈制约。要把人力资本开发放在首要位置,畅通智力、技术、管理下乡通道,造就更多乡土人才,聚天下人才而用之。

(1) 大力培育新型职业农民。全面建立职业农民制度,完善配套政策体系。实施新型职业农民培育工程。支持新型职业农民通过弹性学制参加中高等农业职业教育。创新培训机制,支持农民专业合作社、专业技术协会、龙头企业等主体承担培训。引导符合条件的新型职业农民参加城镇职工养老、医疗等社会保障制度。鼓励各地开展职业农民职称评定试点。

(2) 加强农村专业人才队伍建设。建立县域专业人才统筹使用制度,提高农村专业人才服务保障能力。推动人才管理职能部门简政放权,保障和落实基层用人主体自主权。推行乡村教师“县管校聘”。实施好边远贫困地区、边疆民族地区和革命老区人才支持计划,继续实施“三支一扶”、特岗教师计划等,组织实施高校毕业生基层成长计划。支持地方高等学校、职业院校综合利用教育培训资源,灵活设置专业(方向),创新人才培养模式,为乡村振兴培养专业化人才。扶持培养一批农业职业经理人、经纪人、乡村工匠、文化能人、非遗传承人等。

(3) 发挥科技人才支撑作用。全面建立高等院校、科研院所等事业单位专业技术人员到乡村和企业挂职、兼职和离岗创新创业制度,保障其在职称评定、工资福利、社会保障等方面的权益。深入实施农业科研杰出人才计划和杰出青年农业科学家项目。健全种业等领域科研人员以知识产权明晰为基础、以知识价值为导向的分配政策。探索公益性和经营性农技推广融合发展机制,允许农技人员通过提供增值服务合理取酬。全面实施农技推广服务特聘计划。

(4) 鼓励社会各界投身乡村建设。建立有效激励机制,以乡情乡愁为纽带,吸引支持企业家、党政干部、专家学者、医生教师、规划师、建筑师、律师、技能人才等,通过下乡担任志愿者、投资兴业、包村包项目、行医办学、捐资捐物、法律服务

等方式服务乡村振兴事业。研究制定管理办法，允许符合要求的公职人员回乡任职。吸引更多人才投身现代农业，培养造就新农民。加快制定鼓励引导工商资本参与乡村振兴的指导意见，落实和完善融资贷款、配套设施建设补助、税费减免、用地等扶持政策，明确政策边界，保护好农民利益。发挥工会、共青团、妇联、科协、残联等群团组织的优势和力量，发挥各民主党派、工商联、无党派人士等积极作用，支持农村产业发展、生态环境保护、乡风文明建设、农村弱势群体关爱等。实施乡村振兴"巾帼行动"。加强对下乡组织和人员的管理服务，使之成为乡村振兴的建设性力量。

(5) 创新乡村人才培育引进使用机制。建立自主培养与人才引进相结合，学历教育、技能培训、实践锻炼等多种方式并举的人力资源开发机制。建立城乡、区域、校地之间人才培养合作与交流机制。全面建立城市医生教师、科技文化人员等定期服务乡村机制。研究制定鼓励城市专业人才参与乡村振兴的政策。

(八) 开拓投融资渠道，强化乡村振兴投入保障

实施乡村振兴战略，必须解决钱从哪里来的问题。要健全投入保障制度，创新投融资机制，加快形成财政优先保障、金融重点倾斜、社会积极参与的多元投入格局，确保投入力度不断增强、总量持续增加。

(1) 确保财政投入持续增长。建立健全实施乡村振兴战略财政投入保障制度，公共财政更大力度向"三农"倾斜，确保财政投入与乡村振兴目标任务相适应。优化财政供给结构，推进行业内资金整合与行业间资金统筹相互衔接配合，增加地方自主统筹空间，加快建立涉农资金统筹整合长效机制。充分发挥财政资金的引导作用，撬动金融和社会资本更多投向乡村振兴。切实发挥全国农业信贷担保体系作用，通过财政担保费率补助和以奖代补等，加大对新型农业经营主体支持力度。加快设立国家融资担保基金，强化担保融资增信功能，引导更多金融资源支持乡村振兴。支持地方政府发行一般债券用于支持乡村振兴、脱贫攻坚领域的公益性项目。

(2) 拓宽资金筹集渠道。调整完善土地出让收入使用范围，进一步提高农业农村投入比例。严格控制未利用地开垦，集中力量推进高标准农田建设。改进耕地占补平衡管理办法，建立高标准农田建设等新增耕地指标和城乡建设用地增减挂钩节余指标跨省域调剂机制，将所得收益通过支出预算全部用于巩固脱贫攻坚成果和支持实施乡村振兴战略。推广一事一议、以奖代补等方式，鼓励农民对直接受益的乡村基础设施建设投工投劳，让农民更多参与建设管护。

(3) 提高金融服务水平。坚持农村金融改革发展的正确方向，健全适合农业

农村特点的农村金融体系,推动农村金融机构回归本源,把更多金融资源配置到农村经济社会发展的重点领域和薄弱环节,更好满足乡村振兴多样化金融需求。要强化金融服务方式创新,防止脱实向虚倾向,严格管控风险,提高金融服务乡村振兴能力和水平。抓紧出台金融服务乡村振兴的指导意见。加大中国农业银行、中国邮政储蓄银行"三农"金融事业部对乡村振兴支持力度。明确国家开发银行、中国农业发展银行在乡村振兴中的职责定位,强化金融服务方式创新,加大对乡村振兴中长期信贷支持。推动农村信用社省联社改革,保持农村信用社县域法人地位和数量总体稳定,完善村镇银行准入条件,地方法人金融机构要服务好乡村振兴。

实施乡村振兴战略,事关决胜全面建成小康社会和全面建设社会主义现代化强国全局,是党和国家的重大决策部署,各级党委和政府要提高对实施乡村振兴战略重大意义的认识,真正把实施乡村振兴战略摆在优先位置,让乡村振兴成为全党全社会的共同行动。

思考问题

1. 实施乡村振兴战略的重大意义是什么?
2. 实施乡村振兴战略的具体举措有哪些?

参考文献

1. 习近平谈治国理政:第二卷[M]. 北京:外文出版社,2017.

2. 中央农村工作会议在北京举行[N]. 人民日报,2017-12-30.

3. 中共中央国务院关于实施乡村振兴战略的意见[N]. 人民日报,2018-02-05.

4. 习近平在打好精准脱贫攻坚战座谈会上强调 提高脱贫质量 聚焦深贫地区 扎扎实实把脱贫攻坚战推向前进[N]. 人民日报,2018-02-15.

5. 习近平总书记参加全国人大会议广东、山东代表团审议时的重要讲话[N]. 人民日报,2018-03-08.

6. 十三届全国人大一次会议在京闭幕 习近平发表重要讲话[N]. 人民日报,2018-03-21.

7. 中共中央政治局召开会议听取2017年省级党委和政府脱贫攻坚工作成效考核情况汇报 中共中央总书记习近平主持会议[N]. 人民日报,2018-03-31.

专题八

坚决维护国家主权和领土完整

统一是中国历史发展的主流，反对分裂，坚持统一，是中华民族自古以来就有的光荣传统。祖国的完全统一，是祖国繁荣富强和民族伟大复兴的基础，是中华民族的根本利益所在。中华人民共和国成立后，党和人民为解决香港、澳门和台湾问题，实现祖国完全统一进行了长期不懈的努力。香港和澳门问题是历史上殖民主义侵略遗留下来的问题，已经成功解决；台湾问题是中国国内战争遗留下来的问题，是中国的内政。解决台湾问题，实现中国的完全统一，不仅有利于中国的稳定和发展，也有利于中国同各国进一步加强友好合作关系，有利于亚太地区乃至全世界的和平与发展。

实现祖国完全统一，是中华民族伟大复兴的重要内容和基本任务。国家的完全统一是民族复兴的重要标志，没有国家的完全统一，就没有完全意义上的民族复兴。中华民族的伟大复兴既是一个走向现代化的实现繁荣富强的过程，同时也是一个实现祖国完全统一的过程。

党的十五届五中全会确定，完成祖国统一，是中国人民进入21世纪的三大任务之一。习近平总书记在党的十九大报告中明确指出："我们坚决维护国家主权和领土完整，绝不容忍国家分裂的历史悲剧重演。一切分裂祖国的活动都必将遭到全体中国人坚决反对。我们有坚定的意志、充分的信心、足够的能力挫败任何形式的'台独'分裂图谋。我们绝不允许任何人、任何组织、任何政党、在任何时候、以任何形式、把任何一块中国领土从中国分裂出去！"这充分反映了所有中国人的共同意志和崇高愿望，充分体现了中国共产党不可动摇的决心和强烈的历史使命。

一、台湾问题的由来与实质

台湾，自古以来就是中国的一部分。有史料记载，公元230年，三国时代吴王孙权曾派将军卫温、诸葛直率领一万官兵远征，到达夷洲，即今台湾。这是中国军队第一次到达台湾。隋朝时，隋炀帝也曾两次派人到过台湾。12世纪下半叶，南宋已在澎湖驻军，属泉州晋江县管辖。1292年至1295年间，元朝政府在澎湖正式设立行政管理机构——巡检司,行使管辖权。明朝时期,有大批农民向台湾和澎湖地区迁移,其中以福建同安、漳州农民最多。明朝中叶后,汉族人民移居台、澎者更多,其中有的渔民先在澎湖列岛捕鱼,然后慢慢向台湾中南部、北部渔场扩展。他们在岛上建屋居住,逐渐成为岛上常住居民。到了明代后期,越过海峡到台湾定居的大陆民众更多,对增加台湾人口和开发台湾,起到了一定的作用。

17 世纪早期,荷兰、西班牙殖民者曾经相继侵占台湾。1661 年,民族英雄郑成功从荷兰殖民者手中收复了台湾,结束了荷兰在台湾长达 38 年的殖民统治。1683 年,清政府将台湾纳入版图,完成了全国统一。1684 年,清政府正式设立台湾府。1885 年,清政府在台湾正式建省,台湾成为当时中国的第二十个行省。由此可见,台湾自古以来就是中国不可分割的领土。

台湾问题是中国国内战争遗留下来的问题。1894 年,日本蓄意挑起中日甲午战争,并取得了军事上的胜利。1895 年,日本逼迫清政府签订不平等的《马关条约》,霸占了台湾。此后,日本殖民者统治台湾长达半个世纪之久。在第二次世界大战中,中国、美国、英国三国签署《开罗宣言》,明确指出:“三国之宗旨在剥夺日本自 1914 年第一次世界大战开始以后在太平洋所夺得或占领之一切岛屿,在使日本所窃取于中国之领土,例如满洲、台湾、澎湖群岛等,归还中国”,并于 1945 年 7 月 26 日签署《波茨坦公告》,再次确认“《开罗宣言》,以国际条约的形式,确认台湾(含澎湖列岛)是中国领土的一部分,日本战后必须将其归还中国”。

知识链接

开罗宣言

第二次世界大战取得决定性胜利后,中、美、英三国首脑于 1943 年 11 月 22 日至 26 日在开罗举行会议,讨论如何协调对日作战的共同军事问题和战后如何处置日本等政治问题,史称“开罗会议”。此后,1943 年 12 月 1 日,美国白宫发表宣言,宣示了协同对日作战的宗旨,承诺了处置日本侵略者的安排。这就是有名的《开罗宣言》。中美双方领导人就八个方面的问题进行了讨论,并达成若干共识。其中,关于中国的领土主权问题,中美双方同意:日本用武力从中国夺去的东北各省、台湾和澎湖列岛,战后必须归还中国。这也就为《开罗宣言》关于台湾回归中国的内容打下了基础。

波茨坦公告

波茨坦公告全称《中美英三国促令日本投降之波茨坦公告》,发表于 1945 年 7

月 26 日，简称《波茨坦公告》或《波茨坦宣言》。这篇公告的主要内容是声明三国在战胜纳粹德国后一起致力于战胜日本以及履行《开罗宣言》等对战后日本的处理方式的决定。

波茨坦公告共 13 条，主要内容有：盟国将予日本以最后打击，直至停止抵抗；日本政府应立即宣布所有武装部队无条件投降；重申《开罗宣言》的条件必须实施，日本投降后，其主权只限于本州、北海道、九州、四国及由盟国指定的岛屿；军队完全解除武装；战犯交付审判；日本政府必须尊重人权，保障宗教、言论和思想自由；不得保有可供重新武装作战的工业，但容许保持其经济所需和能偿付货物赔款之工业，准其获得原料和资源，参加国际贸易；在上述目的达到、成立和平责任政府后，盟国占领军立即撤退。

《波茨坦公告》的主要目的是迫使日本提早投降，并且规定日本投降以后的处理事宜。同时《波茨坦公告》奠定了第二次世界大战后国际秩序的法律基础。1945 年 8 月 14 日，日本天皇裕仁宣布接受波茨坦公告，向盟军投降。

1945 年 8 月 15 日，日本天皇宣布无条件投降。日本在《投降条款》中承诺“忠诚履行波茨坦公告各项规定之义务”。10 月 25 日，台湾省首任行政长官陈仪代表中国政府宣布：至此，台湾人民结束了自《马关条约》以来半个世纪的屈辱历史，在遭日本帝国主义 50 年殖民统治之后，重新回到祖国的怀抱，台湾及澎湖列岛已正式重入中国版图。

在 1945 年中国抗日战争胜利后，以蒋介石为首的国民党政府采取两面手法，一方面电邀以毛泽东为主席的中国共产党进行和平谈判，另一方面在美国的支持下，抓紧时间调运兵力，把国民党军队部署到原日本占领地区，积蓄力量，发动全国内战。内战中，国民党军队在各战场节节败退，决定把台湾作为今后的退身之所。1949 年春，蒋介石拒绝在《国内和平协定》上签字，抗拒统一，之后撤退到台湾，图谋反攻大陆。正当中国人民解放军准备着手解放台湾时，朝鲜战争爆发，美国军队进入台湾和台湾海峡地区，阻挠中国人民解放军解放台湾，从政治上、经济上、军事上扶持国民党政权，形成台湾与大陆长期分裂的局面，台湾问题由此产生。

如前所述，台湾问题其实质是中国的内政问题。1949 年 10 月后，中华人民共和国政府已取代国民党的“中华民国政府”，成为中国的唯一合法政府和国际上的唯一合法代表，按照全世界公认的有关政府继承的国际法准则，理所当然地继承了原来的“中华民国政府”代表中国行使的包括对台湾省在内的全中国的主权。而国民党政权的少数残余势力退逃台湾，虽然还打着“中华民国政府”的旗号，但这个所谓的"中华民国"已经完全丧失其合法性。

中华人民共和国成立后,中国的社会制度发生了根本的改变,中国结束了中华民族遭受外敌入侵、任人宰割的命运,实现了中国大陆的统一和各民族的大团结。中华人民共和国成立初期,党对解决香港、澳门问题进行了积极探索,采取暂时不动、待时机成熟时再收回的策略,同时也进行了武力解放台湾的各方面准备。但由于美国直接插手台湾问题,阻止中国人民完成祖国统一大业,致使海峡两岸的中国人至今仍处于分裂状态。

二、实现祖国完全统一是中国人民不可动摇的坚强意志

民族团结和国家统一,符合中华民族的根本利益,符合中国社会发展的历史潮流。实现祖国完全统一是包括台湾同胞在内的所有海内外中华儿女的共同心愿,是中华民族伟大复兴的根本基础,也是全体中国人民不可动摇的坚强意志。

中国共产党在实现祖国统一问题上的立场是坚定不移的,绝不允许任何人以任何名义、任何方式把台湾从中国分割出去。党领导人民同一切阻挠破坏中国统一的势力进行坚决的斗争,不断推动实现祖国统一的进程。毛泽东曾严正地指出,台、澎、金、马整个地收复回来,完成祖国统一,这是中国人民的神圣任务,这是中国内政。1986 年 9 月,邓小平在回答美国记者迈克·华莱士提出的"台湾有什么必要同大陆统一"的问题时,他说:"这首先是个民族问题,民族的感情问题。凡是中华民族的子孙,都希望中国能统一,分裂状况是违背民族意志的。"江泽民指出,中国人民将坚定不移地完成祖国统一大业,这是中华儿女不可动摇的共同愿望和决心。胡锦涛强调,实现祖国的完全统一,符合包括台湾同胞在内的全体中国人的共同利益。习近平指出,两岸长期存在的政治分歧问题终归要逐步解决,总不能将这些问题一代一代传下去。推动两岸关系和平发展、促进两岸和平统一,是全体中国人民不可动摇的坚强意志。

(一)"和平统一、一国两制"的科学构想

"和平统一、一国两制"的构想最早是针对台湾问题提出来的。党在解决台湾问题的方针上经历了从武力解放台湾到和平解放台湾、"和平统一、一国两制"的过程。

由于中国人民解放军在 1948 年 9 月开始、1949 年 1 月结束的辽沈、淮海、平津三大战役中相继取得胜利,国民党政府的失败已成定局。此时,中共中央已估计到国民党将把最后的落脚点放在台湾。

1949 年 3 月 15 日,新华社发表题为《中国人民一定要解放台湾》的评论,首次

提出了“解放台湾”的口号。1949 年 12 月，中共中央发表《告前线将士和全国同胞书》，明确提出 1950 年的任务就是解放台南岛、台湾和西藏，全歼蒋介石集团的最后残余势力。1950 年已做了解放台湾的军事部署，后因朝鲜战争发生而延迟。1954 年 7 月，中国共产党和中国政府再次提出解放台湾的任务，表示不能承认美国军事干涉和占领台湾。1954 年 9 月 3 日，人民解放军开始炮击金门，向国际社会，特别是向美国表明中国人民解放台湾的决心和立场。1954 年 12 月，美国政府与蒋介石集团签订了《共同防御条约》，把台湾、澎湖列岛置于美国的“保护伞”下，阻挠中国统一。对此，周恩来总理于 12 月 8 日发表声明，指出所谓《共同防御条约》“根本是非法的，无效的”，强调“一切关于所谓台湾‘独立国’、台湾‘中立化’和‘托管’台湾的主张实际上都是割裂中国领土，侵犯中国主权和干涉中国内政，都是中国人民绝对不能同意的”，指出中国人民一定要解放台湾，完成自己祖国的完全统一。

随着国际国内形势的发展，中国共产党提出和平解放台湾的方针。从国际上看，和平共处五项原则提出后，国际形势由紧张转趋缓和。朝鲜战争、印度支那战争给人民带来的痛苦使人记忆犹新。由于美国干涉中国内政，台海局势有国际化的可能。世界爱好和平的人们希望和平，不希望中美再起战端。从国内情况看，国内主要矛盾正在发生深刻的变化，发展生产力成为当务之急。而且，尽管蒋介石在海峡对岸叫嚷与共产党势不两立，但每当涉及台湾地位问题时，他都能坚持一个中国立场，与大陆表现出惊人的一致。这表明，和平解放台湾的可能性在增长。

针对新的情况，中国共产党及时调整了对台政策，提出了和平解放台湾的主张，并从两个方面开展工作。一是敦促美国政府与中国政府谈判，二是向台湾当局提出和平解放台湾的倡议。1956 年 4 月，毛泽东提出“和为贵”“爱国一家”“爱国不分先后”等政策主张。1958 年 10 月，毛泽东向新加坡《南洋商报》的一位撰稿人表示：台湾如果回归祖国，照他们（指蒋介石等）自己的方式生活。

20 世纪 60 年代初，周恩来将我们党提出的一系列和平解决台湾问题的思想、政策和主张归纳为“一纲四目”。“一纲”即台湾必须统一中国。“四目”为：① 台湾回归祖国后，除外交必须统一于中央外，所有军政大权、人事安排等悉委于蒋（介石），陈诚、蒋经国亦悉由蒋意重用；② 所有军政及建设经费不足之数悉由中央拨付（当时台湾每年赤字约 8 亿美元）；③ 台湾的社会改革可以从缓，必俟条件成熟并征得蒋之同意后进行；④ 互约不派特务，不做破坏对方团结之举。

毛泽东一再表示，台湾当局只要一天守住台湾，不使台湾从大陆分裂出去，大陆就不改变目前的对台政策。1963年1月,周恩来通过由张治中致函陈诚的方式,将"一纲四目"告知台湾当局。在对台政策的推动下,经过各方面努力,对台工作取得了进展:将蒋介石集团控制区域压缩到了台、澎、金、马地区,打破了蒋介石"反攻大陆"的幻想;粉碎了美国"划峡而治"的图谋;尝试了以和平的方式解放台湾;实现了中国与许多国家邦交正常化,确立了国际社会普遍承认一个中国的格局,为最终解决台湾问题创造了不可或缺的条件。

(二)"和平统一、一国两制"的提出与确立

党的十一届三中全会以后,随着国际形势出现新变化和解放思想、实事求是思想路线的重新确立,在考虑和平解放台湾问题进而扩展到解决香港问题过程中,邓小平集中全党智慧,逐步形成了"一国两制"的战略构想。

1978年12月,党的十一届三中全会公报首次以"台湾回到祖国怀抱,实现统一大业"来代替"解放台湾"的提法。1979年元旦,全国人民代表大会常务委员会发表《告台湾同胞书》,郑重宣示了争取祖国和平统一的大政方针,两岸关系发展由此揭开新的历史篇章,标志着我们解决台湾问题的理论和实践进入了一个新的历史时期。

1981年9月30日,叶剑英对新华社记者发表了《关于台湾回归祖国实现和平统一的方针政策》谈话,进一步阐述了实现祖国和平统一的九条方针,进一步阐明了解决台湾问题的方针政策。内容主要是:建议举行两党对等谈判,实行第三次合作,共同完成祖国统一大业;建议双方共同为通邮、通商、通航、探亲、旅游以及开展学术、文化、体育交流提供方便,达成有关协议;国家实现统一后,台湾可作为特别行政区,享有高度的自治权,并可保留军队,中央政府不干预台湾地方事务;台湾现行社会、经济制度不变,生活方式不变,同外国的经济、文化关系不变,私人财产、房屋、土地、企业所有权、合法继承权和外国投资不受侵犯;台湾当局和各界代表人士,可担任全国性政治机构的领导职务,参与国家管理;台湾地方财政有困难时,可由中央政府酌情补助;台湾各族人民各界人士愿回祖国大陆定居的,保证妥善安排,不受歧视,来去自由;欢迎台湾工商界人士回祖国大陆投资,兴办各种经济事业,保障其合法权益和利润;欢迎台湾民众提供建议,共商国是。

1982年9月,邓小平在会见撒切尔夫人时,全面阐述了中国政府解决香港问题的三个基本立场。表明"一国两制"的构想已经成熟。1982年12月公布的《中华人民共和国宪法》,其中第三十一条规定:"国家在必要时得设立特别行政区。在特别行政区内实行的制度按照具体情况由全国人民代表大会以法律规定。"这一条规定,使实行"一国两制"有了宪法的保证。

随后，邓小平进一步阐述了实现台湾和祖国大陆和平统一的具体构想，明确指出："我们的政策是实行'一个国家，两种制度'，具体说，就是中华人民共和国内，十亿人口的大陆实行社会主义制度，香港、台湾实行资本主义制度。"1985 年 3 月，第六届全国人民代表大会第三次会议正式把"一国两制"确定为中国的一项基本国策。

（三）"和平统一、一国两制"构想的主要内容

"和平统一、一国两制"是在祖国统一的前提下，国家的主体坚持社会主义制度，同时台湾、香港、澳门保持生活方式长期不变。

（1）一个中国。即坚持世界上只有一个中国，台湾、香港、澳门都是中国的一部分。中国的主权和领土完整不容分割。承认在国际上代表全中国人民的唯一合法政府，只能是中华人民共和国。

（2）两制并存。即在统一的中华人民共和国内，作为国家主体的大陆地区坚持社会主义制度，台湾、香港、澳门保持原有的资本主义制度不变；两种制度长期并存、和平共处，共同为国家的繁荣和民族的振兴作贡献。

（3）高度自治。祖国和平统一后，依法在台湾、香港、澳门设立特别行政区。

（4）尽最大努力争取和平统一，但不承诺放弃使用武力。和平统一，有利于两岸的共同发展，有利于统一后台湾的长期繁荣稳定，也有利于维护亚太地区的和平与稳定。不承诺放弃使用武力，则是针对外国势力干涉中国统一和台湾分裂势力搞"台湾独立"图谋的。

（5）解决台湾问题，实现祖国的完全统一，寄希望于台湾人民。台湾同胞具有光荣的爱国主义传统，是发展两岸关系的重要力量。

（6）积极促谈，争取通过谈判实现统一。以和平的方式实现祖国统一就需要借助谈判的这种手段。

（7）积极促进两岸"三通"和各项交流，增进两岸同胞的相互了解和感情，密切两岸经济、文化关系，为实现和平统一创造条件。

（8）坚决反对任何"台湾独立"的言行。"台独"将使台湾沦为外国附庸。决不允许任何人以任何方式把台湾从中国分割出去。

（9）坚决反对外国势力插手和干涉台湾问题。解决台湾问题是中国的内政，任何国家无权干涉。

（10）集中力量搞好经济建设，是解决国际国内问题的基础，也是实现国家统一的基础。中国解决所有问题的关键靠自己的发展。解决台湾问题，实现祖国统一仍是如此。

“和平统一、一国两制”伟大构想是充分尊重历史和现实、照顾各方利益、维护民族团结、实现祖国完全统一和中华民族伟大复兴的科学构想。

香港、澳门回归祖国，是按照“一国两制”方针实现祖国完全统一的重要步骤，“一国两制”最早是针对台湾问题提出来的，在香港、澳门的成功实践，对台湾问题的解决有着重要的示范作用。台湾问题是国内战争遗留下来的问题，属于中国的内政，不容许外国干涉。国家必须统一，任何制造“两个中国”“一国两府”“一中一台”“台湾独立”的图谋都是包括台湾人民在内的全体中国人民坚决反对的。我们的愿望，要尽一切力量去争取的，是用和平方式解决台湾问题。不放弃使用武力，有利于促进和平解决。只要台湾当局以中华民族的根本利益为重，消除阻挠祖国统一的人为障碍，通过接触和谈判，按照“一国两制”的构想，终归是可以实现统一大业的。

三、新形势下对台湾工作方针

(一)“九二共识”，两岸关系发展迈出历史性的一步

自 20 世纪 80 年代末 90 年代初以来，围绕台湾问题的内外环境发生了巨大变化。两岸人民往来和经济文化交往兴起后，香港、澳门成为两岸人民往来、通邮、贸易的桥梁和台商向大陆投资的中介地。1987 年底，长达 30 多年的两岸隔绝状态被打破后，两岸人员往来和经济、文化等各项交流随之发展起来，同时也衍生出种种问题。为了解决这些问题，台湾当局不得不调整“不接触、不妥协、不谈判”的“三不政策”，于 1990 年 11 月 21 日成立了得到官方授权的与大陆联系与协商的民间性中介机构——海峡交流基金会(简称“海基会”)，出面处理官方“不便与不能出面的两岸事务”。为便于与海基会接触、商谈，中共中央台办、国务院台办推动于 1991 年 12 月 16 日成立海峡两岸关系协会(简称“海协会”)，并授权以坚持一个中国原则作为两会交往和事务性商谈的基础。两会于 1992 年 2 月开始商谈。两会商谈伊始，海协会希望与台湾海基会共同表达坚持一个中国原则的态度，以利于明确两会商谈的性质、奠定两会商谈的政治基础。台湾当局在无法回避的情况下，由其“国家统一委员会”于 1992 年 8 月 1 日作出了名为“关于‘一个中国’的含义”的决议。这份决议明确写道“海峡两岸均坚持‘一个中国’之原则”，同时也表示“双方所赋予之含义有所不同。8 月 27 日，海协会负责人专门就这份文件发表谈话，认为这份文件确认海峡两岸均坚持一个中国原则，表明“在事务性商谈中应坚持一个中国原则已成为海峡两岸的共识”；同时也表示“不同意台湾有关方面对‘一个中国’含义的理解”。此后，两会经过 10 月在香港举行的工作性商谈、11 月

函电往来，大陆海峡两岸关系协会与台湾海峡交流基金会双方达成各自口头方式表述：海峡“两岸均坚持一个中国原则”的共识(2000年以后被称为“九二共识”)，在此基础上开启了两岸事务性商谈。

“九二共识”是各自以口头方式表述海峡两岸均坚持一个中国原则的共识。其核心意涵是大陆和台湾同属一个中国，两岸不是国与国关系，明确界定了两岸关系的根本性质。这一共识的核心是坚持一个中国原则，精髓是求同存异。

“九二共识”奠定了两会商谈的政治基础。1993年4月，海协会会长汪道涵与台湾海基会董事长辜振甫在新加坡进行会谈(汪辜会谈)，签署了《汪辜会谈共同协议》、《两会联系与会谈制度协议》、《两岸公证书使用查证协议》和《两岸挂号函件查询、补偿事宜协议》等4项协议。汪辜会谈是1949年以后两岸双方第一次以民间名义举行的最高级别的公开商谈，标志着两岸关系迈出历史性的重要一步。“汪辜会谈”对发展两岸关系，扩大两岸经贸、科技合作和人员往来、各项交流产生了积极的作用。

但其后“台独”分裂势力在台湾逐步增强，从20世纪90年代中期至2008年，由于台湾当局领导人李登辉制造“两个中国”，“台独”分裂势力坐大，民进党执政，两岸关系开始紧张动荡，总体走势跌宕起伏。针对李登辉的“两国论”和1995年访美，大陆方面果断开展了反对“两国论”的斗争，从1995年6月持续到1996年3月，包括在台湾附近海域和福建、广东沿海地区举行了4次大规模的军事演习，产生了重大深远的战略性影响。世界上绝大多数国家表示坚持一个中国政策。美国政府不但表示坚持一个中国政策，还于1995年8月向中方表示美国反对“两个中国”和“一中一台”的主张、反对“台湾独立”、反对台湾加入联合国。此后，美国总统克林顿1997年10月29日与访美的中国国家主席江泽民会谈时，及1998年6月至7月访华期间，都表示美国政府不支持台湾独立、不支持台湾加入联合国、不支持制造“两个中国”“一中一台”。这一对台“三不支持”政策为此后美国历届政府所沿用。

李登辉抛出“两国论”分裂主张后，伙同民进党，力图在1999年7月底至9月初台湾“国大”会议期间实现“两国论入宪”，将“两国论”主张“法律化”。对此如果不予以制止，中国主权和领土完整将受到严重威胁，两岸关系也将陷入严重危机。在这种情况下，大陆方面再次开展了反对“两国论”的斗争，包括再次在大陆东南沿海地区和台湾周围海域接连举行一系列军事演习。这场斗争震动了国际社会，美国、日本等130多个国家和欧盟、东盟等以各种方式重申坚持一个中国政策，沉重打击了李登辉制造“两个中国”的图谋,“两国论入宪”彻底破产。

1995 年至 1999 年期间,李登辉制造“两个中国”的严重事件,破坏了两岸关系发展的政治基础和两岸商谈的气氛,导致海协会与台湾海基会协商两次中断。

(二)《反分裂国家法》宣示了维护国家统一的坚强意志

面对内外环境的巨大变化,江泽民于 1995 年 1 月 30 日发表了题为《为促进祖国统一大业的完成而继续奋斗》的重要讲话,精辟地阐述了“和平统一、一国两制”思想的精髓,提出了发展两岸关系,推进祖国和平统一进程的八项主张。

2000 年 5 月主张“台独”的民进党主席陈水扁上台后,顽固坚持“台独”立场,拒不接受一个中国原则,否认“九二共识”,推动“台独”活动升级,并在 2002 年 8 月悍然抛出了“一边一国论”。反对和遏制陈水扁当局进行“台独”活动,成为当时两岸同胞最重要、最迫切的任务。2002 年 11 月,党的十六大提出了今后一个时期对台工作的指导思想和具体要求,此后,陆续发表了对两岸关系重大问题的看法和态度。

中国共产党采取了一系列措施,批驳“一边一国”主张,抨击“催生台湾新宪法”,反对举办所谓针对“大陆导弹威胁”的“防御性公投”,争取台湾局势朝着有利于两岸关系发展的方向转化。大陆方面坚决反对“台独”的立场和态度,对美国产生很大影响。2003 年 6 月、10 月,美国总统布什两次与中国国家主席胡锦涛会见时均表示了美国政府不会改变坚持一个中国政策、遵守中美三个联合公报、反对“台独”的态度。在大陆方面和美国的压力下,2004 年 1 月,陈水扁被迫将这次公投题目改为“增加购置反飞弹装备”“协商建立两岸和平稳定的互动架构”,公投结果以投票率均未达到投票权人总数的半数而被否决。

2004 年 5 月陈水扁连任后,推动所谓“宪政改造”“台湾法理独立”活动,对中国主权和领土完整造成现实威胁。2005 年 3 月,胡锦涛提出了新形势下发展两岸关系的四点意见:坚持一个中国原则绝不动摇,争取和平统一的努力决不放弃,贯彻寄希望于台湾人民的方针绝不改变,反对“台独”分裂活动决不妥协。2005 年 3 月 14 日,第十届全国人民代表大会第三次会议以极高票通过了《反分裂国家法》,首次以国家大法形式宣示了中国人民维护国家统一、领土完整的坚强意志,进一步巩固和凸显了“台湾和大陆同属一个中国”这一事实,有力地遏制和打击了“台独”分裂势力。这部法律表达了坚持和平统一的一贯立场,强调以和平方式实现祖国统一最符合台湾海峡两岸同胞的根本利益,国家以最大的诚意、尽最大的努力实现和平统一;同时表明了坚决反对“台独”的坚定决心,申明在“‘台独’分裂势力以任何名义、任何方式造成台湾从中国分裂出去的事实,或者发生将会导致台湾从中国分裂出去的重大事变，或者和平统一的可能性完全丧失”三种情况下，“国家得采取非和平方式及其他必要措施，捍卫国家主权和领土完整”。这部法律产生了战略性的重大影响，在反对和遏制“台独”分裂行径、维护台海和平稳定、促进两岸关系和平发展等方面，发挥了十分重要的作用。

知识链接

《反分裂国家法》

《反分裂国家法》是在2005年3月14日举行的中华人民共和国第十届全国人民代表大会第三次会议通过的一部关于台湾海峡两岸关系的法律，当天就经中华人民共和国主席胡锦涛签署并立即予以实施。该法律的主要内容是鼓励两岸继续交流合作，但同时也首次明确提出了在三种情况下中国大陆可用“非和平手段”处理台湾问题的底线。《反分裂国家法》仅适用于台湾问题。

全文如下：

第一条　为了反对和遏制“台独”分裂势力分裂国家，促进祖国和平统一，维护台湾海峡地区和平稳定，维护国家主权和领土完整，维护中华民族的根本利益，根据宪法，制定本法。

第二条　世界上只有一个中国，大陆和台湾同属一个中国，中国的主权和领土完整不容分割。维护国家主权和领土完整是包括台湾同胞在内的全中国人民的共同义务。

台湾是中国的一部分。国家绝不允许“台独”分裂势力以任何名义、任何方式把台湾从中国分裂出去。

第三条　台湾问题是中国内战的遗留问题。

解决台湾问题，实现祖国统一，是中国的内部事务，不受任何外国势力的干涉。

第四条　完成统一祖国的大业是包括台湾同胞在内的全中国人民的神圣职责。

第五条 坚持一个中国原则，是实现祖国和平统一的基础。

以和平方式实现祖国统一，最符合台湾海峡两岸同胞的根本利益。国家以最大的诚意，尽最大的努力，实现和平统一。

国家和平统一后，台湾可以实行不同于大陆的制度，高度自治。

第六条　国家采取下列措施，维护台湾海峡地区和平稳定，发展两岸关系：

（一）鼓励和推动两岸人员往来，增进了解，增强互信；

(二)鼓励和推动两岸经济交流与合作,直接通邮通航通商,密切两岸经济关系,互利互惠;

(三)鼓励和推动两岸教育、科技、文化、卫生、体育交流,共同弘扬中华文化的优秀传统;

(四)鼓励和推动两岸共同打击犯罪;

(五)鼓励和推动有利于维护台湾海峡地区和平稳定、发展两岸关系的其他活动。

国家依法保护台湾同胞的权利和利益。

第七条　国家主张通过台湾海峡两岸平等的协商和谈判,实现和平统一。协商和谈判可以有步骤、分阶段进行,方式可以灵活多样。

台湾海峡两岸可以就下列事项进行协商和谈判:

(一)正式结束两岸敌对状态;

(二)发展两岸关系的规划;

(三)和平统一的步骤和安排;

(四)台湾当局的政治地位;

(五)台湾地区在国际上与其地位相适应的活动空间;

(六)与实现和平统一有关的其他任何问题。

第八条　"台独"分裂势力以任何名义、任何方式造成台湾从中国分裂出去的事实,或者发生将会导致台湾从中国分裂出去的重大事变,或者和平统一的可能性完全丧失,国家得采取非和平方式及其他必要措施,捍卫国家主权和领土完整。

依照前款规定采取非和平方式及其他必要措施,由国务院、中央军事委员会决定和组织实施,并及时向全国人民代表大会常务委员会报告。

第九条　依照本法规定采取非和平方式及其他必要措施并组织实施时,国家尽最大可能保护台湾平民和在台湾的外国人的生命财产安全和其他正当权益,减少损失;同时,国家依法保护台湾同胞在中国其他地区的权利和利益。

第十条　本法自公布之日起施行。

2005年4月下旬至5月中旬,胡锦涛先后邀请中国国民党主席连战、亲民党主席宋楚瑜率团来访,分别与连战、宋楚瑜进行会谈,达成多项重要共识,起到了共同坚持"九二共识"和反对"台独"、推动两岸关系朝和平稳定方向发展的重要作用。

2008年,台湾局势发生了重大积极的变化,重新执政的国民党反对"台独"、承认"九二共识",使两岸关系迎来难得的历史机遇,取得了重大突破。胡锦涛在会见来访的国民党荣誉主席连战和国民党主席吴伯雄时表示，两岸双方应当共同努力，“建立互信、搁置争议、求同存异、共创双赢”，开创两岸关系和平发展新局面。并强调“首先要建立互信，这对推动两岸关系和平发展至关重要。反对‘台独’、坚持‘九二共识’，是双方建立互信的根本基础”。2008 年 5 月 20 日，新任台湾当局领导人马英九在就职演说时，表达了抓住难得的历史机遇改善和发展两岸关系的态度。经过国共两党两岸双方共同努力，两岸关系和平发展有了一个良好开端。

2008 年 5 月 26 日至 29 日，台湾海基会与海协会先后互致函电，都表示在“九二共识”基础上尽速恢复商谈。2008 年 6 月 12 日中共中央台办、国务院台办主任王毅在北京会见台湾海基会董事长江丙坤，6 月 12 日海协会会长陈云林与台湾海基会董事长江丙坤在北京举行会谈，标志着中断 9 年之久的两会制度化商谈正式恢复。

两岸交流合作形成全方位、宽领域、多层次的局面，人民往来扩大，经济合作深化，文化交流活跃。大陆企业 2009 年 7 月开始向台湾投资；大陆居民 2008 年 7 月赴台团队游开始，2010 年成为台湾旅游第一大客源；2011 年赴台个人游启动。

2012 年党的十八大以来，习近平总书记多次会见台湾各界人士，发表两岸关系谈话，“两岸一家亲”“共圆中国梦”，两岸政治分歧“不能一代一代传下去”，统一不仅是形式上的统一，更重要的是同胞“心灵契合”，两岸关系的关键是“大陆自身的进步发展”等，已形成一系列两岸关系和平发展的新理念、新思想与新战略，构成了习近平总书记治国理政的重要有机部分，也为两岸和平发展指向定锚。

2015 年 5 月 4 日，中国共产党和中国国民党领导人在北京会面。中共中央总书记习近平在北京会见由中国国民党主席朱立伦率领的中国国民党大陆访问团，就两岸关系和平发展提出五点主张。

第一，坚持“九二共识”、反对“台独”是两岸关系和平发展的政治基础，其核心是认同大陆和台湾同属一个中国。否认“九二共识”，挑战两岸同属一个中国的法理基础，搞“一边一国”“一中一台”，就会损害民族、国家、人民的根本利益，动摇两岸关系发展的基石，就不可能有和平，也不可能有发展。我们始终把坚持“九二共识”作为同台湾当局和各政党开展交往的基础。国共两党应坚持对两岸关系的正确认识，旗帜鲜明反对一切损害两岸关系政治基础的言行，绝不能让来之不易的台海和平和两岸关系和平发展成果得而复失。为此，双方可以积极探讨构建维护两岸关系和平发展的制度框架。

第二，深化两岸利益融合，共创两岸互利双赢，增进两岸同胞福祉，是推动两岸关系和平发展的宗旨。要充分考虑两岸双方社会的心理感受，努力扩大两岸民众的受益面和获得感,尤其要为两岸基层民众、中小企业、农渔民合作发展、青年创业就业提供更多机会,让两岸同胞参与越多受益越多。我们愿意首先同台湾同胞分享发展机遇,愿意优先对台湾开放,并且对台湾同胞开放的力度要更大一些。我们将继续维护在大陆投资的台资企业的合法权益,为他们的发展创造更好条件。在台湾参与区域经济合作问题上,两岸可以加强研究、务实探讨,在不违背一个中国原则的情况下作出妥善安排。台湾方面表达了加入亚洲基础设施投资银行的意愿,我们持欢迎态度。

第三,两岸交流,归根到底是人与人的交流,最重要的是心灵沟通。两岸同胞要以心相交、尊重差异、增进理解,不断增强民族认同、文化认同、国家认同。中华文化是两岸同胞共同的精神财富,也是两岸同胞血脉相连的精神纽带。两岸同胞要加强文化交流,发挥各自优势,共同传承中华文化优秀传统,建设共同精神家园,实现心灵契合。两岸双方要继续创造条件,扩大同胞直接交往。我们将适时实施进一步便利两岸同胞来往的措施。青年是民族的未来,也是两岸的未来。我们要更多关注两岸青年成长,为他们提供更多机会和舞台,让他们多交流多交心,成为共同打拼的好朋友好伙伴。

第四,国共两党和两岸双方要着眼大局,本着相互尊重的精神,不仅要求同存异,更应努力聚同化异,不断增进政治互信。对两岸间长期存在的政治分歧和难题,国共两党都要勇于面对,汇聚两岸同胞智慧,积极探索解决之道。双方可以在一个中国原则下进行平等协商,作出合情合理安排。关键是要“虑善以动,动惟厥时”。只要秉持同胞情、同理心,两岸一定能找到解决问题的办法来。

第五,中华民族伟大复兴要大家一起来干。只要两岸同胞、全世界的中国人团结起来,心往一处想,劲往一处使,实现中华民族伟大复兴必定是指日可待的。

2015 年 11 月 7 日,两岸领导人实现历史性会面。2015 年 11 月 7 日下午,中共中央总书记、国家主席习近平同台湾方面领导人马英九在新加坡会面,就进一步推进两岸关系和平发展交换意见。这是 1949 年以来两岸领导人的首次会面。这是两岸关系发展史上具有里程碑意义的大事,踏出了两岸高层政治互动往来的关键性一步,开创了两岸领导人直接对话沟通的先河。

虽然自 2016 年民进党开始在台湾全面执政,令“台独”再度成为危害两岸关系和平发展的不安定因素,也令“去中国化”再次在岛内大行其道,但是一切分裂祖国的行为都必遭到全体中国人的坚决反对。党的十九大报告郑重向世界宣布:我们有坚定的意志、充分的信心、足够的能力挫败任何形式的“台独”分裂图谋,保护好“两岸一家亲”,两岸同胞团结起来共同抵制“台独”的侵蚀并最终战胜“台独”,才能迎来中华民族伟大复兴的一天。

两岸同胞是命运与共的骨肉兄弟,是血浓于水的一家人。党的十九大报告指出:“我们秉持‘两岸一家亲’理念,尊重台湾现有的社会制度和台湾同胞生活方式,愿意率先同台湾同胞分享大陆发展的机遇。”我们将扩大两岸经济文化交流合作,推动两岸同胞共同弘扬中华文化,增进两岸同胞文化、民族认同,扩大两岸民众的受益面和获得感,增进同胞亲情和福祉,增强对命运共同体的认知,促进心灵契合。

2018 年 2 月 28 日,国务院台湾事务办公室、国家发展和改革委员会等 29 个部门发布实施了《关于促进两岸经济文化交流合作的若干措施》,共出台 31 条具体措施,其中,12 条涉及加快给予台资企业与大陆企业同等待遇,另有 19 条措施涉及逐步为台湾同胞在大陆学习、创业、就业、生活提供与大陆同胞同等待遇。

(三)“一国两制”与祖国统一

1. 全面准确贯彻“一国两制”方针

党的十八大以来,以习近平同志为核心的党中央全面准确贯彻“一国两制”方针,推动“一国两制”事业开创了新局面、迈上了新台阶,当前“一国两制”事业正站在新的历史起点上。

一个中国原则是两岸关系的政治基础。世界上只有一个中国,中国主权和领土完整不容分割。从中华民族整体利益把握两岸关系大局,最根本的、最核心的是维护国家领土和主权完整。体现一个中国原则的“九二共识”,明确界定了两岸关系的根本性质,是确保两岸关系和平发展的关键。承认“九二共识”的历史事实,认同两岸同属一个中国,两岸双方就能开展对话,协商解决两岸同胞关心的问题,台湾任何政党和团体同大陆交往也不会存在障碍。

必须始终准确把握“一国”和“两制”的关系。“一国两制”是一个完整的概念。“一国”是实行“两制”的基础,“两制”从属和派生于“一国”,并统一于“一国”之中。“一国”是根,根深才能叶茂;“一国”是本,本固才能枝荣。“一国两制”的提出首先是为了实现和维护国家统一。

2. 坚决反对和遏制“台独”分裂势力,推进祖国统一

实现祖国完全统一是全体中华儿女共同愿望,是中华民族根本利益所在。党的十八大以来,以习近平同志为核心的党中央坚持一个中国原则和“九二共识”,推动两岸关系和平发展,加强两岸经济文化交流合作,实现两岸领导人历史性会晤,妥善应对台湾局势变化,坚决反对和遏制“台独”分裂势力,有力维护了台海和

平稳定。

习近平指出,两岸关系能够实现和平发展,“关键在于双方确立了坚持‘九二共识’、反对‘台独’的共同政治基础。没有这个定海神针,和平发展之舟就会遭遇惊涛骇浪,甚至彻底颠覆”。

扩大两岸经济文化交流合作。两岸同胞是命运与共的骨肉兄弟,是血浓于水的一家人。我们秉持“两岸一家亲”理念,尊重台湾现有的社会制度和台湾同胞生活方式,愿意率先与台湾同胞分享大陆发展机遇,扩大两岸经济文化交流合作,实现互利互惠,逐步为台湾同胞在大陆学习、创业、就业、生活提供与大陆同胞同等的待遇,增进台湾同胞福祉。中国梦是两岸共同的梦,需要大家一起来圆梦,让所有中国人都过上更加美好的生活。

反对任何形式的“台独”分裂活动。遏制“台独”分裂活动是确保两岸关系和平发展的必然要求。在涉及国家统一和中华民族长远发展的重大问题上,我们旗帜鲜明、立场坚定,不会有任何妥协和动摇。要依法保障“一国两制”实践和推进祖国统一,绝不容忍国家分裂的历史悲剧重演。我们有坚定的意志、充分的信心、足够的能力挫败任何形式的“台独”分裂图谋。我们绝不允许任何人、任何组织、任何政党、在任何时候、以任何形式、把任何一块中国领土从中国分裂出去。

解决台湾问题、实现祖国完全统一,是全体中华儿女的共同愿望,是中华民族根本利益所在,是不可阻挡的历史进程。“和平统一、一国两制”是解决台湾问题的基本方针,也是实现国家统一的最佳方式。

一个中国原则是两岸关系的政治基础。体现一个中国原则的“九二共识”明确界定了两岸关系的根本性质,是确保两岸关系和平发展的关键。承认“九二共识”的历史事实,认同两岸同属一个中国,两岸双方就有了共同政治基础,就可以保持良性互动,不断推动两岸关系和平发展。

实现祖国完全统一、实现中华民族伟大复兴,是两岸同胞共同之福,需要两岸同胞共同努力。习近平总书记指出:“两岸双方应该胸怀民族整体利益、紧跟时代前进步伐,携手巩固两岸关系和平发展大格局,共同实现中华民族伟大复兴。”

思考问题

1. 如何理解实现祖国完全统一是中华民族的根本利益?
2. 台湾问题的由来与实质是什么?
3. 新时代如何推动两岸关系和平发展?

参考文献

1. 刘建飞.实现祖国完全统一是中华民族根本利益所在[N].光明日报,2018-03-30.

2. 邓小平文选:第3卷[M].北京:人民出版社,1993.

3. 江泽民文选:第1卷[M].北京:人民出版社,2006.

4. 胡锦涛.携手推动两岸关系和平发展　同心实现中华民族伟大复兴——在纪念〈告台湾同胞书〉发表30周年座谈会上的讲话[N].人民日报,2009-01-01.

5. 中共中央总书记习近平会见中国国民党荣誉主席吴伯雄[N].人民日报,2013-06-14.

专题九

新时代我国构建新型国际关系的意义及面临的挑战

2014 年 11 月，习近平主席在中央外事工作会议上指出："我们要坚持合作共赢，推动建立以合作共赢为核心的新型国际关系，坚持互利共赢的开放战略，把合作共赢理念体现到政治、经济、安全、文化等对外合作的方方面面。"这是中国第一次鲜明提出建立"新型国际关系"这一宏大构想，掷地有声地点出新时期中国外交思想的指导原则，即"推动建立以合作共赢为核心的新型国际关系"。外交部部长王毅强调，"这一倡议，既是对《联合国宪章》宗旨和原则的继承，更是一次重要的创新和发展"。这也是党的十八大以来以习近平总书记为核心的新一届中央领导集体外交思想与实践智慧的结晶，新型国际关系战略为未来中国外交指明了方向，对推动国际关系演变具有深远的历史和现实意义。

一、新型国际关系思想形成的背景

党的十八大以来，习近平总书记站在国家发展和民族复兴的历史新起点上，在坚持和继承中国国际战略优良传统的基础上，针对重要战略机遇期内涵和条件的新变化，着眼全局和未来，统筹国内国际两个大局、发展和安全两件大事，创新理念，积极谋划，奋发有为，提出了构建新型国际关系的外交思想，开创了中国国际战略思想与实践的新境界，是我国适应国内外形势变化及世界形势发展的需要。"新型国际关系"思想体现了中国外交继承传统而又与时俱进的特点，与和平共处五项原则、新安全观等外交理念一脉相承。

第一，我国和世界的发展需要长期稳定的国际环境。从中国自身角度看，经过 40 年的改革开放和发展，中国经济规模跻身世界第二，科技创新实现系列重大突破，文化建设不断取得新成果，政治体制改革稳步推进，国防现代化建设取得长足进展，国家综合实力大幅提升，国际地位和影响力显著增强。站在新的历史起点上，党的十八大明确提出了"两个一百年"的奋斗目标，习近平总书记明确提出实现中华民族伟大复兴的中国梦的奋斗目标，并指出我国已经进入了实现中华民族伟大复兴的关键阶段，但这必须要有和平的国际环境。中国外交要为实现"中国梦"服务，不仅要服务于国内经济建设，而且要服务于中国共产党领导和中国特色社会主义。

从世界角度看，多极化向前推进的态势不会改变，但国际格局发展演变的复杂性更加凸显；经济全球化进程不会改变，但世界经济调整的曲折性更加凸显；和平与发展的时代主题不会改变，但国际矛盾和斗争的尖锐性更加凸显；国际体系变革方向不会改变，但国际秩序之争的长期性更加凸显；亚太地区总体繁荣稳定的态势不会改变，但我国周边环境中的不确定性更加凸显。这就需要树立世界眼光，顺应世界潮流，把握时代脉搏，在历史规律的指导下，从林林总总的表象中发现本质，尤其要认清长远趋势，才能维护世界的持续和平与发展。

从中国与世界的关系看，从1971年我国恢复联合国席位，2001年加入世界贸易组织和推动建立上海合作组织，到2005年在联合国人权理事会创设和建章立制过程中发挥重要作用，2010年促使国际货币基金组织和世界银行增加中国出资份额和投票权，再到2014年推动建立金砖国家银行和外汇储备基金，以及亚洲基础设施投资银行和丝路基金，中国同国际社会的互联互动也已变得空前紧密。一方面，中国对世界的依靠、对国际事务的参与、对国际体系变革的促进在不断加深；另一方面，世界对中国的依靠，对中国协调推进全面建成小康社会、全面深化改革、全面推进依法治国、全面从严治党的影响在不断加深。我国对整体发展环境的深刻把握为制定战略措施打下了坚实的基础，中国与世界的特殊关系赋予了我国特殊的使命，我国提出构建新型国际关系是我国适应世界、服务世界的必然选择。

第二，中国坚持和平发展道路需要构建新型国际关系。中国特色社会主义制度、历史文化传统、国情、时代潮流和国家根本利益决定了中国只能走和平发展道路。这条道路来之不易，是新中国成立以来特别是改革开放40年来，中国共产党经过艰辛探索和不断实践逐步形成的。

一方面，中国走和平发展道路的意志是坚定的。中国坚持把国家和民族发展放在自己力量的基点上，坚定不移走自己的路，坚持从中国大地上探寻适合自己的发展道路和解决问题的办法。中国始终依靠自身不断发展起来的力量走和平发展道路，让中国广大人民群众和别国广大民众享受到和平发展带来的利益，使坚持走和平发展道路的物质基础和社会基础正变得越来越厚实。中国向世界作出了永远不称霸、永远不搞扩张的庄严承诺，强调中国始终是维护世界和平的坚定力量，中国发展绝不以牺牲别国利益为代价，绝不做损人利己、以邻为壑的事情。另一方面，中国和平发展道路要走通走顺，需要世界其他国家也都走和平发展道路；需要把世界的机遇转化为中国的机遇，把中国的机遇转变为世界的机遇。

只有各国都走和平发展道路，各国才能和平相处，共同发展。但是，把走和平发展道路作为国家战略抉择，不是要束缚中国维护国家利益的决心、手段和能力。中国在坚持走和平发展道路的同时，决不放弃正当权益，决不牺牲国家核心利益；坚决维护领土主权和海洋权益，维护国家统一。这明确无误地阐明了中国在坚持和平发展的同时坚决维护国家核心利益的底线和不可动摇的决心，阐明了中国坚持自身和平发展与推动世界共同和平发展的内在联系，把中国的和平发展与世界的和平发展辩证统一起来，丰富了和平发展战略思想。

第三，从历史的眼光看，国际关系正在演变并亟须正确引导。现代国际关系的基本准则可追溯至 17 世纪上半叶，欧洲爆发大规模战争后签订《威斯特伐利亚和约》，确定了以平等、主权为基础的国际关系准则。国际社会后来又签订了多项国际条约，建立了各式各样的国际体系和国际组织，如维也纳体系、凡尔赛—华盛顿体系和雅尔塔体系等，第一次世界大战后建立的国际联盟，第二次世界大战后建立的联合国。《联合国宪章》确立了当代国际关系的基本准则，但以美国和苏联为首的两大军事联盟对抗却主导着战后国际关系，出现近半个世纪的冷战。冷战结束以来，在欧洲，苏联与华约一并消失，但北约一直发展至今，不断通过东扩增加其合法性。在亚洲，美国仍保持着军事联盟体系，并通过强化和扩大措施，试图将其包装为维护东亚地区和平与稳定的“基石”。颇具讽刺意味的是，为了证实其存在的合理性，美国及其盟友千方百计地寻找甚至制造“战略对手”，严重损害了亚太地区和平与稳定。70 多年过去了，《联合国宪章》描绘的美好蓝图尚待实现。局部冲突、集团政治并未终结，非传统安全等难题日益增多，以合作共赢为核心的“新型国际关系”应运而生，响应了时代的呼唤，顺应了时代的潮流。

第四，从国际上看，世界期盼中国发挥更大的作用。作为世界第二大经济体，中国已处于世界的聚光灯下，一言一行都备受关注。中国利益已与世界利益深度融合，无论是促进经济繁荣与发展，还是化解各种各样的危机与冲突，或者是构建公正合理的世界新秩序，世界都期待中国发挥更大作用。这说明，中国自身力量的增强赢得了世界的尊重，同时，国际社会也要求中国承担更大的责任。这无疑是中国向世界展示自身作用的良机。“新型国际关系”的提出，正说明中国以国际社会的需要为契机，积极提供“中国方案”。

当前，中国经济转型正迈向结构调整的“新常态”，需要进一步扩大开放、深化国际合作，优势产能需要向外转移，资本需要寻求新的投资市场。在此背景下，中国倡导并推动的“一带一路”建设，是新一轮的大开放，希望以此为契机向周边地区和世界释放更大的发展红利。自提出以来，“一带一路”倡议频获世界点赞，沿线已有 50 多个国家积极响应，并愿同各自的发展战略对接、发展机遇对接、发展利益对接，形成了良性互动势头。

二、新型国际关系的内涵及实现路径

2015 年 9 月 16 日，外交部举行第十四届蓝厅论坛，外交部部长王毅出席并发表演讲。王毅透露："习主席将首次在联合国总部全面阐述以合作共赢为核心的新型国际关系的理念，系统地提出打造人类命运共同体的具体途径，为国际关系的发展提供新理念，开辟新愿景。"新型国际关系的核心是"合作共赢"。相较过去你输我赢、你失我得的"零和"博弈思维，"合作共赢"是双方或多方在合作中互惠互利、相得益彰，从而实现各方的共同收益。"合作共赢"以合作为路径，以共赢为目标，是通向"新型国际关系"的路线图。"合作"与"共赢"相辅相成、相映成趣、浑然一体。党的十九大报告明确提出建设相互尊重、公平正义、合作共赢的新型国际关系，将相互尊重、公平正义、合作共赢作为新型国际关系的重要内容，为中国处理国与国之间的外交关系指明了方向，必将对中国外交产生深远影响。具体来说，新型国际关系的内涵表现在以下几个方面。

一是相互尊重，即强调无论国家大小、强弱、贫富，一律平等，相互尊重对方的领土主权完整和政治制度，尊重彼此的核心利益和战略关切。新型国际关系的敌我关系已经非常模糊，是非敌非友的伙伴关系，是国家之间为寻求共同利益而建立的一种合作关系。相互尊重是新型国际关系的前提和基础。在处理新型国际关系时，国与国之间必须学会相互尊重，善于抓住"同"，把共同利益的蛋糕做大；正确对待"异"，尊重和照顾彼此利益关切。

二是公平正义，即强调国家无论大小都要公平对待，公道处事，恪守国家法原则和国际关系准则，坚决反对把自己的意志强加于人，反对干涉别国内政，反对一切形式的以大压小、以强凌弱和霸权主义、强权政治。新型国际关系是一种集体安全和共同安全的游戏，国际秩序是大国共同治理的产物。新型国际关系并不回避大国竞争，任何国家之间都有竞争，竞争是普遍存在的。但新型国际关系认为，大国竞争的形式可以是多种多样的，既可以是暴力方式的竞争，也可以是和平方式的竞争。以往的大国竞争更多是诉诸结盟对抗的形式，最终陷入战争和冲突的泥潭。在和平和发展成为时代主题的背景下，国家之间的竞争越来越转移到提高综合国力上来，转移到经济竞争、科技竞争和人才竞争上来，而且是一种合作性的竞争，也是一种在国际和地区制度框架内展开的竞争。新型国际关系的关键在于推动国际体制机制的改革，维护国际公平正义。

三是合作共赢，即强调共同发展，利益共享，中国决不会以牺牲别国利益为代价来发展自己,致力于建立更加平等均衡的新型全球发展伙伴关系。合作是路径。中国改革开放40年的历程,坚持以合作而不是对抗的方式与世界打交道,走的就是“合作共赢”道路。中国以实际行动向国际社会表明了尊重国际秩序、积极参与国际事务的意愿与决心,国际体系也因中国的融入而更具代表性和合法性。共赢是目标。中国的发展壮大,意味着维护世界和平的力量在增强,意味着促进世界经济繁荣的力量在壮大。作为联合国安理会常任理事国,中国的发展与强大有利于进一步维护联合国权威,有助于更好地维护世界和平与稳定。2008年金融危机横扫全球,以中国为代表的新兴经济体一跃成为引领世界经济复苏的重要力量,其贡献有目共睹。即使在后危机时代的今天,中国仍是世界经济增长的“双引擎”之一。中国经济发展取得的巨大成就,使它拥有更大的能力与资源向世界提供更丰富的公共产品,有利于维护世界和平与稳定。

“合作共赢”是新型国际关系的核心思想。王毅强调,中国“在主要大国中率先把实现合作共赢确定为国际交往的根本目标,符合中华文化的优秀传统,符合中国外交的一贯追求,符合经济全球化和国际关系民主化的时代潮流,为当今世界处理国与国关系提供了崭新思路,必将对国际关系的发展演变产生积极和深远的影响。”合作共赢理念无疑是中国外交的核心内涵,它符合21世纪的世界潮流,是通向和平与繁荣的道路。中国倡导的新型国际关系代表着当今世界发展的方向,有着强大的生命力和广阔的前景。发展新型国际关系符合全球化时代国际关系发展的要求,具有很大的必要性和很高的可行性。当然,新型国际关系也不会自动生成,需要世界诸国共同努力。

中国不仅在理念上倡导新型国际关系,而且将其付诸实践,积极开展中国特色大国外交。王毅指出:“中国特色大国外交,贵在‘特色’二字,旨在走出一条与传统大国不同的强国之路。中华民族历来爱好和平。我们不仅自己坚持走和平发展道路,同时在国际事务中也坚持做主和派、促和派、维和派。”具体而言,中国主要从以下几个方面推动建立新型国际关系。

第一,经略新型周边关系。环顾全球,大国与周边国家关系似乎都有“近而不亲”的宿命。中国周边国家众多,大小、强弱、贫富千差万别,受冷战思维的影响较深。加之历史上中国与周边国家的关系曾走过一些弯路,中国与一些国家仍存在领土和海洋权益争端,使得中国与周边国家关系错综复杂。尽管如此,中国仍是最有希望率先打破这一历史难题的大国。中国长期致力于同周边国家发展友好合作关系,保持良性互动,至今已与12个邻国通过谈判划定了边界,并有信心继续和平解决其他领土争端。未来,如何推动与周边国家走一条互利共赢的道路、构建“命运共同体”,成为对中国外交的新要求。当前,中国将同周边国家发展睦邻友好关系置于外交工作的优先地位。近年来,周边国家成为中国领导人出访活动最为密集的区域。2013年,中国还专门召开了周边外交工作会议,全面梳理并更新了中国周边外交的政策。中国致力于同周边国家建立更加紧密的机制联系,大力加强与上海合作组织、东南亚国家联盟、亚洲相互协作与信任措施会议、南亚区域合作联盟等发展更紧密的伙伴关系。中国奉行“亲、诚、惠、容”的睦邻友好政策,妥善处理与周边国家的分歧。

第二,构建新型大国关系。中国与俄罗斯互为最大邻国,互为战略依托,相互借力给力。多年来,两国领导人互访频繁,双边关系发展活跃。中俄两国从建立伙伴关系、战略协作伙伴关系,到全面战略协作伙伴关系,交往水平不断提升,战略协作伙伴关系在高水平上稳定运行,合作基础更加牢固。中俄关系的长期稳定发展不仅符合两国的根本利益,也有利于维护世界的持久和平与稳定。中美新型大国关系获得“早期收获”。中美在构建新型大国关系上则是一波三折。2013年,习近平主席曾就中美新型大国关系提出三条原则:不冲突不对抗,相互尊重,合作共赢;提出四点建议:一要提升对话互信新水平,二要开创务实合作新局面,三要建立大国互动新模式,四要探索管控分歧新办法。2015年,习近平主席重申构建中美新型大国关系,主张两国应努力做到“互敬、互信、合作”。但2017年特朗普上台以来,推行贸易保护主义政策,并将主要矛头指向中国,在朝核、贸易、台湾、南海等诸多问题上动作频频,加大对我国战略围堵。从战略定位上,美国公开将中国定位为“战略竞争者”“战略竞争对手”,首次明确认定中国为“修正主义国家”,“挑战美国的权势、影响和利益,试图侵蚀美国的安全与繁荣”,指责中国有意重塑世界并“从内部破坏二战后的国际秩序”。随着新版《美国国家安全战略报告》、《国防战略报告》和《核态势评估报告》的出台,尤其是两国在贸易领域的剑拔弩张,中美关系开始面临新的变化,有很大的不确定性。但是我们应看到,特朗普政府对华战略的调整还受到多方面的掣肘和牵制。经过40年的改革开放,中国的综合国力已经大幅提升,国际地位明显提高,中国影响和塑造中美关系发展方向的能力已经明显提升。这说明中美新型大国关系构建依然任重而道远。中欧合作开创新局面,双方决定构建和平、增长、改革、文明四大伙伴关系。习近平主席强调,要从战略高度看待中欧关系,将中欧两大力量、两大市场、两大文明结合起来,共同打造中欧和平、增长、改革、文明四大伙伴关系。2014年4月,中国政府发表《深化互利共赢的中欧全面战略伙伴关系——中国对欧盟政策文件》,规划了双方未来五到十年的合作蓝图。这是中国政府时隔11年发表的第二份对欧政策文件,强调中欧关系面临新的历史机遇,深化互利共赢的中欧全面战略伙伴关系,将为双方各自发展提供助力,并为世界的和平与繁荣作出重要贡献。

第三,坚持正确的义利观。中国虽已是世界第二大经济体,但在可预见的将来,中国仍将是一个发展中国家,仍是发展中国家的同盟军。即使今后经济总量位于世界第一,这一特点也难改变。这要求中国始终优先拓展与发展中国家的关系,坚定维护发展中国家的利益。习近平主席在中央外事工作会议上强调,要坚持正确的义利观,做到义利兼顾,要讲信义、重情义、扬正义、树道义。中国在同非洲国家交往时以道义为先。坚持与非洲兄弟平等相待、真诚友好、重诺守信,为维护非洲国家的正当权利和合理诉求仗义执言,决不走殖民者的掠夺老路,而是愿与非洲兄弟共同发展。王毅指出,正确义利观是新时期中国外交的一面旗帜。中方会更多考虑非洲国家的合理需求,力争通过合作让非洲早得利、多得利。在需要的时候,我们还要重义让利,甚至舍利取义。

第四,结伴但不结盟。冷战是以结盟对抗为标志的时期。在后冷战时代,需要有超越冷战思维的国际关系,才能给世界新的希望。中国在总结历史经验教训的基础上,探索走出了一条结伴而不结盟的新路。习近平主席指出,“志同道合,是伙伴;求同存异,也是伙伴”。截至目前,中国已同 67 个国家、5 个地区或区域组织建立了 72 对不同形式、不同程度的伙伴关系,基本覆盖了世界上主要国家和重要地区。伙伴关系有三个基本特征,即平等性、和平性与包容性,不设假想敌,不针对第三方,排除了军事因素对国家间关系的干扰,致力于以合作而非对抗的方式,以共赢而非零和的理念处理国与国关系。伙伴关系使中国能超越意识形态、地缘政治的束缚,在国际上占据更加主动灵活的地位。

第五,完善全球经济治理。2008 年金融危机催生了二十国集团。2009 年 9 月,全球 19 个主要经济体和欧洲联盟领导人在二十国集团领导人第三次金融峰会上宣布,二十国集团(G20)将代替八国集团,成为国际经济合作与协调的首要全球性论坛,八国集团在国际经济事务上退居次席。2010 年,二十国集团达成推动国际货币基金组织(IMF)份额和治理改革方案,因迟迟得不到美国批准引发国际社会广泛不满。2014 年,习近平主席在二十国集团会议上呼吁:“我们要以此为契机,建设公平公正、包容有序的国际金融体系,提高新兴市场国家和发展中国家的代表性和发言权,确保各国在国际经济合作中权利平等、机会平等、规则平等。要加快并切实落实国际货币基金组织改革方案,加强全球金融安全网。”近年来,中国强化了同广大新兴市场国家的团结协作和战略沟通,打造了开放、包容、合作、共赢的“金砖精神”,宣布成立金砖国家开发银行和应急储备安排,并发起组织建立了亚洲基础设施投资银行，均为国际金融体系作出了有益补充。

三、我国提出构建新型国际关系的重要意义

新型国际关系实现了对西方主导的国际关系模式的超越。近代以来的国际关系理论与国际关系模式，主要是由西方国家主导构建的，反映的是西方国家的利益诉求，也折射出其狭隘的价值观及国际行为模式。在贯穿其中的“丛林法则”“弱肉强食”“强者为王”“赢家通吃”理念推动下，实力、结盟、战争成为贯彻国家政策的工具，侵略扩张、殖民掠夺、大国欺负小国、强国欺负弱国等各种不公平不公正，成为近代以来国际关系模式的基本内容。其导致的后果，必然是不断升级的国际矛盾和国际冲突，甚至大规模的国际战争。两次世界大战和冷战等等，都与这种国际关系模式密不可分。构建以合作共赢为核心的新型国际关系思想，秉承新中国外交优良传统，符合联合国宪章关于主权平等、和平解决国际争端、促成国际合作等宗旨和原则，契合当今时代发展潮流，是对传统国际关系理论的超越与创新，具有深刻的现实指导意义。

第一，构建新型国际关系是应对人类面临共同挑战的必由之路。理论产生于社会实践与社会需求。党的十九大报告指出，世界面临的不稳定性不确定性突出，世界经济增长动能不足，贫富分化日益严重，地区热点问题此起彼伏，恐怖主义、网络安全、重大传染性疾病、气候变化等非传统安全威胁持续蔓延。这种情况下，没有哪个国家能够独自应对人类面临的各种挑战，也没有哪个国家能够退回到自我封闭的孤岛。解决上述这些全球性问题，克服西方国际政治理论与国际关系模式的弊端，只能诉诸世界各国同心协力、同舟共济、平等协商，以合作求共赢。

第二，中国倡导构建新型国际关系，体现中国国际塑造力的不断提升。党的十九大报告指出，中国共产党是为中国人民谋幸福的政党，也是为人类进步事业而奋斗的政党。中国站在构建人类命运共同体的高度，站在各国通过合作共赢共同应对各种全球性问题的高度，站在促进全人类和平、发展、合作、共赢的高度，提出“推动建设相互尊重、公平正义、合作共赢的新型国际关系”的主张，顺应时代发展进步的潮流，符合大多数国家的愿望，必将得到国际社会的积极响应。这不仅是中国国际塑造力不断提升的表现，也是中国共产党为人类作出新的更大贡献的具体体现。

第三，中国倡导构建新型国际关系，是基于自身的经历。鸦片战争后，中国沦为半殖民地半封建社会，陷入内忧外患的境地。中国人民经历了战乱频仍、山河破碎、民不聊生的深重苦难。今天的中国，与数百年来许多国家通过建立殖民地、对外武力扩张实现强大截然不同，其发展壮大完全是通过和平方式实现的，这在

人类发展史上开创了新纪元,具有划时代的意义。当中华民族迎来从站起来、富起来到强起来的伟大飞跃之后,倡导构建新型国际关系,倡导国际关系民主化,坚持国家不论大小、强弱、贫富一律平等,不论种族、民族,都要平等相待、平等协商,不让“弱肉强食”的历史悲剧重演,就更有说服力和公信力。党的十九大报告明确指出,中国奉行防御性的国防政策。中国发展不对任何国家构成威胁。中国无论发展到什么程度,永远不称霸,永远不搞扩张。

第四,中国倡导构建新型国际关系,也是基于自身的传统、实力与需求。中国传统文化倡导“和为贵”“天下为公”,讲的是“强不执弱”“富不侮贫”,正如习近平主席所指出的,中华民族的DNA里没有侵略他人、称霸世界的基因。中国拥有世界五分之一的人口,是世界第一大贸易国、第二大经济体,是联合国安理会常任理事国,是具有世界影响的大国。党的十九大报告指出,中国人民的梦想同各国人民的梦想息息相通,实现中国梦离不开和平的国际环境和稳定的国际秩序。推动构建新型国际关系,不但是中国大国情怀和国际担当的体现,也符合中国的根本利益和长远发展利益。

四、中国建立新型国际关系面临的挑战

“新型国际关系”兼有理想主义与建构主义的成分,必将面临现实主义,尤其是进攻性现实主义的挑战。在政策层面,国际社会需要妥善处理以下难题。

第一,你输我赢的“零和”思维对世界的影响甚深。全球化进程重塑了人们的思维观念和方式,迄今已在亚太地区和世界其他地区闪现出一些合作共赢的思想火花。但在国际政治及国家关系中,“零和博弈”的思维方式还无处不在,有的国家甚至乐此不疲,特别是既得利益和权势集团对其仍欲迎还拒,使新型国际关系这一观念面临多重阻碍。因此,推动合作共赢在国际社会开花结果将是一个漫长曲折的过程,需要耐心和信心。

第二,安全困境是另一个绊脚石。国际关系中有一种现象,即一个国家为了自身安全而采取的防御措施,往往会降低其他国家的安全感。这种安全困境制约着国际合作的深入开展,加深了国家间的相互防范与不信任。亚太地区既是当今全球最具经济活力的地区,也是安全挑战最为复杂的地区之一,冷战遗留的痕迹仍难以清除。一些国家仍热衷于强化军事联盟,动辄以此威胁他人;个别国家大搞历史修正主义,试图开历史倒车,以开脱罪责,以邻为壑。它们将联盟利益置于地区稳定和公平正义之上,造成地区紧张态势。可见,军事联盟是造成安全困境的重要原因之一,而安全困境不利于建立共同安全架构。

第三,中国与外界关系进入新的复杂磨合期。从某种意义上讲,外界似乎已经

习惯中国在国际事务中的“寡言少语”或被动应对，一旦中国变得越来越健谈或主动表达看法，有些国家便觉不适应，甚至焦躁不安，担心中国抢他们的“麦克风”。有的舆论将中国维护国家主权与领土完整的合法行为视为“威胁”，有意渲染中国的“示强外交”；有的将中国提出的共同、综合、合作、可持续安全观误读为“中国版的门罗主义”；有的将“一带一路”误解为“中国版的马歇尔计划”，将中国对非投资称为“中国的新殖民主义”，将中国倡导建立的金砖银行、亚洲基础设施投资银行视为对现行国际秩序的“挑战”等，不一而足。针对上述偏见或误读，中国不能因噎废食，而应更加主动地做有针对性的工作，增信释疑，积累共识，扩大合作共赢的公约数。构建新型国际关系不可能一帆风顺，需要世界各国的共同努力。

思考问题

1. 新型大国关系的内涵和实现路径是什么？
2. 如何理解“合作共赢”是新型国际关系的核心思想？
3. 如何看待当前的中美贸易冲突问题？

参考文献

1. 陈吉敏. 构建以合作共赢为核心的新型国际关系[N]. 学习时报，2017-07-03.

2. 门洪华. 构建新型国际关系：中国的责任与担当[J]. 世界经济与政治，2016(3).

3. 阮宗泽. 构建新型国际关系：超越历史　赢得未来[J]. 国际问题研究，2015(2).

4. 杜正艾. 推动构建新型国际关系　构建人类命运共同体[J]. 行政管理改革，2017(11).

专题十

贡献全球治理新方案　构建人类命运共同体

——学习上合组织青岛峰会习近平总书记讲话精神

2018年6月9日至10日，上海合作组织（简称“上合组织”）成员国元首理事会第十八次会议在青岛国际会议中心举行。中国国家主席习近平主持会议并发表重要讲话。这是上合组织扩员后召开的首次峰会，也是习近平主席首次以中国国家元首身份主持上合峰会。新时代中国特色大国外交引领上合组织发展迈出历史性步伐，助力开启上合组织发展新征程，引发国际社会广泛关注。

一、上海精神，扬帆青岛

6月的青岛，山清水秀，风景如画。6月9日至10日，上海合作组织成员国元首理事会第十八次会议在青岛举行。中国国家主席习近平主持会议并举行相关活动。与会领导人共商大计，全面规划上海合作组织未来发展蓝图，留下一个个精彩瞬间。

6月9日晚，习近平主席在青岛国际会议中心举行宴会，欢迎出席上海合作组织青岛峰会的外方领导人。习近平主席发表致辞说：“青岛是世界著名的‘帆船之都’，许多船只从这里扬帆起航、追逐梦想。”“让我们以青岛峰会为新的起点，高扬‘上海精神’的风帆，齐心协力，乘风破浪，共同开启上海合作组织发展新征程！”

6月9日晚，黄海之滨的青岛国际会议中心宴会厅外观景平台，“有朋自远方来”。以城市为背景，以天空为幕布，一场精彩绚烂的灯光焰火艺术盛宴在浮山湾海面上演。

水幕舞台半透明巨幅环幕上的投影与不远处的城市楼宇夜景秀融为一体，犹如梦幻仙境。上合组织成员国和观察员国的名字以中、俄、英三种语言一一展现，各国的标志性建筑依次呈现。《天涯明月》《齐风鲁韵》《国泰民安》《筑梦未来》《命运共同体》，展现了一幅花开盛世的美丽图景。

这是一场科技和艺术完美结合的视觉盛宴，展现出中国气派、呈现出世界水准、展示出相关国家对上合组织未来的自信，更表达了人类共同发展、共同进步的美好愿望。

10 日上午，上海合作组织成员国元首理事会第十八次会议小范围、大范围会谈先后在青岛国际会议中心举行。

上午 9 时许，上海合作组织成员国领导人陆续抵达会场。习近平热情迎接，并同他们一一握手寒暄，随后集体合影。

在小范围会谈中，习近平指出，上海合作组织成立 17 年来，面对国际风云变幻，秉持“上海精神”，取得重大成就，成为世界上具有重要影响的综合性区域组织。现在，上海合作组织站在新的历史起点上，我们要发扬优良传统，积极应对内外挑战，全面推进各领域合作，推动上海合作组织行稳致远。

习近平就上海合作组织发展提出四点建议。

第一，弘扬“上海精神”，加强团结协作。我们要坚持互信、互利、平等、协商、尊重多样文明、谋求共同发展，要深化团结互信，加大相互支持，把扩员带来的潜力和机遇转化为更多实实在在的合作成果。

第二，推进安全合作，携手应对挑战。我们要秉持共同、综合、合作、可持续的安全观，统筹应对传统和非传统安全威胁，有效打击“三股势力”，切实维护地区和平、安全、稳定。

第三，深化务实合作，促进共同发展。我们要在产业协调、市场融合、技术交流等方面迈出更大步伐。要本着共商共建共享原则，加强基础设施建设、互联互通、产业园区、科技创新等领域交流合作，分享欧亚大陆巨大发展机遇。要发出支持贸易自由化便利化的共同声音，维护全球多边贸易体制。

第四，发挥积极影响，展现国际担当。我们要坚定维护以联合国宪章宗旨和原则为核心的国际秩序和国际体系，推动建设相互尊重、公平正义、合作共赢的新型国际关系。要坚持政治外交解决热点问题。

习近平强调，上海合作组织是顺应时代发展潮流、符合各国共同利益的事业。我们愿同各方一道，不忘初心，携手前进，推动上海合作组织实现新发展，构建更加紧密的命运共同体，为维护世界和平稳定、促进人类发展繁荣作出新的更大贡献。

各成员国领导人高度评价中方担任主席国一年来为推进成员国合作和本组织发展所作贡献，一致认为，本次会议是上海合作组织扩员后举行的首次峰会，具有重大现实和历史意义。新成员国的加入提升了上海合作组织各领域合作能力。上海合作组织在维护地区安全稳定、促进发展繁荣方面承担的责任也越来越大。新形势下，上海合作组织要坚持弘扬“上海精神”，继续密切沟通协调，充分抓住机遇，妥善应对挑战，推进经贸、金融、农业、互联互通、人文等全方位合作，坚持打击

“三股势力”,确保本组织持续健康稳定发展。

11 时,在观察员国、对话伙伴国、国际组织代表等国家和代表的参与下,习近平主持上海合作组织青岛峰会大范围会谈并发表了“弘扬‘上海精神’ 构建命运共同体”的讲话。

习近平主席在演讲中说,“孔子登东山而小鲁,登泰山而小天下”。面对世界大发展大变革大调整的新形势,为更好推进人类文明进步事业,我们必须登高望远,正确认识和把握世界大势和时代潮流。这种趋势和潮流就是,国际关系民主化已成为不可阻挡的时代潮流;安全稳定成为人心所向;合作共赢是大势所趋;不同文明交流互鉴是各国人民共同愿望。

为此,习近平主席提出五大观念。他说,当前,世界发展既充满希望,也面临挑战,我们的未来无比光明,但前方的道路不会平坦。我们要进一步弘扬“上海精神”,破解时代难题,化解风险挑战。

——我们要提倡创新、协调、绿色、开放、共享的发展观,实现各国经济社会协同进步,解决发展不平衡带来的问题,缩小发展差距,促进共同繁荣。

——我们要践行共同、综合、合作、可持续的安全观,摒弃冷战思维、集团对抗,反对以牺牲别国安全换取自身绝对安全的做法,实现普遍安全。

——我们要秉持开放、融通、互利、共赢的合作观,拒绝自私自利、短视封闭的狭隘政策,维护世界贸易组织规则,支持多边贸易体制,构建开放型世界经济。

——我们要树立平等、互鉴、对话、包容的文明观,以文明交流超越文明隔阂,以文明互鉴超越文明冲突,以文明共存超越文明优越。

——我们要坚持共商共建共享的全球治理观,不断改革完善全球治理体系,推动各国携手建设人类命运共同体。

“上海精神”是我们共同的财富,上海合作组织是我们共同的家园。我们要继续在“上海精神”指引下,同舟共济,精诚合作,齐心协力构建上海合作组织命运共同体,推动建设新型国际关系,携手迈向持久和平、普遍安全、共同繁荣、开放包容、清洁美丽的世界。为此,习近平主席提出了五点建议。

第一,凝聚团结互信的强大力量。我们要全面落实青岛宣言、长期睦邻友好合作条约实施纲要等文件,尊重各自选择的发展道路,兼顾彼此核心利益和重大关切,通过换位思考增进相互理解,通过求同存异促进和睦团结,不断增强组织的凝聚力和向心力。

第二,筑牢和平安全的共同基础。我们要积极落实打击“三股势力”2019～2021 年合作纲要,继续举行“和平使命”等联合反恐演习,强化防务安全、执法安全、信息安全合作。要发挥“上海合作组织—阿富汗联络组”作用，促进阿富汗和平重建进程。

第三，打造共同发展繁荣的强劲引擎。我们要促进发展战略对接，本着共商共建共享原则，推进“一带一路”建设，加快地区贸易便利化进程，加紧落实国际道路运输便利化协定等合作文件。

第四，拉紧人文交流合作的共同纽带。我们要积极落实成员国环保合作构想等文件，继续办好青年交流营等品牌项目，扎实推进教育、科技、文化、旅游、卫生、减灾、媒体等各领域合作。

第五，共同拓展国际合作的伙伴网络。我们要强化同观察员国、对话伙伴等地区国家交流合作，密切同联合国等国际和地区组织的伙伴关系，同国际货币基金组织、世界银行等国际金融机构开展对话，为推动化解热点问题、完善全球治理作出贡献。

会谈后，上海合作组织成员国领导人共同会见各国记者，习近平主席作为主席国元首发表重要讲话。

在长时间掌声中，上合组织成员国领导人步入尚和厅。镁光灯下，成员国领导人签署了一系列决议，一同见证了经贸、海关、旅游、对外交往等领域合作文件的签署。美丽的黄海之滨，上合组织进入历史新阶段，发展蓝图在全世界面前徐徐展开。

习近平主席强调：“这次峰会期间，我们充分肯定印度、巴基斯坦加入以来本组织取得的新发展，共同发表了《上海合作组织成员国元首理事会青岛宣言》《上海合作组织成员国元首关于贸易便利化的联合声明》等文件，批准了《上海合作组织成员国长期睦邻友好合作条约》未来 5 年实施纲要。”天高海阔，万里清朗，上海合作组织的明天一定会更加美好！

二、青岛峰会开启上海合作组织新征程

青岛峰会是党的十九大和 2018 年全国“两会”后我国主办的重要主场外交活动，是习近平外交思想的生动诠释和新时代中国特色大国外交的重要实践。同以往的上合组织峰会相比，青岛峰会在规模、级别和成果等方面都创了纪录。这次会议是上合组织扩员后的首次峰会，上合组织现在已拥有 8 个成员国、4 个观察员国、6 个对话伙伴国，成为当今世界幅员最广、人口最多的综合性区域组织。在青岛峰会这次历史性盛会上，上合组织成员国、观察员国 12 个国家领导人、10 个国际组织或机构负责人齐聚一堂，气氛团结和睦，会议成果丰硕，彰显了各方在国际形势复杂深刻演变的背景下，共筑安全、共谋发展、共建家园的强烈愿望。国际舆

论好评如潮，普遍认为青岛峰会对于引领上合组织未来发展意义重大，高度赞扬我国领导人运筹多双边外交的卓越能力。

(一) 17 年发展铸就上合组织今日辉煌

17 年来，上合组织团结合作，蒸蒸日上，日益成为国际关系和区域合作的典范。在上合组织建立之初，成员国就以法律形式确定了“世代友好，永不为敌”、结伴不结盟、对话不对抗的重要关系准则，强调秉持联合国宪章和公认的国际关系准则，国家不分大小、不论实力强弱，遵循协商一致原则，共商合作大计。近年来，在国际上单边主义、贸易保护主义、冷战思维沉渣泛起的同时，上合组织成员国超越文化差异、制度模式、发展道路等诸多方面的客观差异，树立了相互尊重、公平正义、合作共赢的新型国际关系典范。

17 年来，上合组织的合作内涵不断扩大，同“一带一路”建设相互促进。上合组织发端于安全合作，是世界上第一个以打击包括恐怖主义在内的“三股势力”为己任的政府间合作组织。上合组织在实践中逐步开拓经济、人文重点合作领域，如今已形成安全、经济、人文、对外交往“四轮驱动”的新局面。“一带一路”建设同上合组织在核心理念、重点区域、合作内容等方面高度契合，两者互为机遇，越来越呈现融合发展、相得益彰之势。

17 年来，上合组织的国际影响力得到明显提升。成员国团结互信、奋发有为，向外界展现出组织的蓬勃生机和活力。成员国重视就重大国际和地区问题协调立场，及时发出一致声音，推动政治解决热点问题，提升了组织在国际事务中的话语权和影响力。成员国坚持开放包容、合作共赢，积极同观察员国、对话伙伴开展合作，不断密切与联合国、独联体、东盟等国际和地区组织交往，拓展了组织的朋友圈和认知度。如今，上合组织犹如青春少年，前进方向明确，步伐坚定稳健，前景值得期待。

(二)“上海精神”得到丰富和弘扬

“上海精神”就是 20 个字：互信、互利、平等、协商、尊重多样文明、谋求共同发展。习近平主席紧扣和平与发展的时代主题，在峰会上发表了题为“弘扬‘上海精神’ 构建命运共同体”的重要讲话，同与会各国领导人重温“上海精神”，并精辟总结了 17 年来上合组织发展经验，指出上合组织始终保持旺盛生命力、强劲合作动力，根本原因在于创造性地提出并始终践行“上海精神”。

习近平主席倡导各方继续以“上海精神”为指引，齐心协力构建上合组织命运共同体，推动建设新型国际关系，携手迈向持久和平、普遍安全、共同繁荣、开放包容、清洁美丽的世界。在习近平主席引导和推动下，上合组织 8 个成员国在《上海合作组织成员国元首理事会青岛宣言》中确立了构建人类命运共同体这一共同理念。这是本次峰会最重要的政治共识，将为上合组织发展注入不竭动力，也将促进本地区乃至世界的共同发展与繁荣。

习近平主席准确把握上合组织在新的历史起点上面临的新形势新任务，围绕如何进一步弘扬“上海精神”，开创性地提出上合组织未来发展应秉持的五大理念，即创新、协调、绿色、开放、共享的发展观，共同、综合、合作、可持续的安全观，开放、融通、互利、共赢的合作观，平等、互鉴、对话、包容的文明观，共商共建共享的全球治理观。这五大理念概括总结了建设新型国际关系的基本理念，为“上海精神”注入了新的时代内涵。

“上海精神”是上合组织的思想基石和行动指南，是全体成员国的共同财富。它超越文明冲突、冷战思维、零和博弈等陈旧观念，同中国传统的“和合理念”高度契合，很好地概括了成员国在长期友好交往中形成的合作理念，集中反映了地区国家增进睦邻友好、深化互利合作、促进文明交流、谋求发展繁荣的共同追求，是对国际关系理论的重要创新和巨大贡献。青岛峰会特别是习近平主席的论述，使得“上海精神”作为上合组织的核心价值得到进一步巩固和发展，为确保上合组织始终沿着正确方向发展提供了根本保障，对推动构建新型国际关系，推动构建人类命运共同体产生重要而深远的影响。

（三）上合组织合作开启新篇章

习近平主席引导和推动峰会通过《〈上合组织成员国长期睦邻友好合作条约〉实施纲要（2018—2022 年）》等 23 个合作文件，为各领域合作注入新动力。

制定共筑安全新举措。习近平主席倡议，要积极落实打击“三股势力”2019～2021 年合作纲要，继续举行“和平使命”等联合反恐演习，强化防务安全、执法安全、信息安全合作；要发挥“上海合作组织—阿富汗联络组”作用，促进阿富汗和平重建进程。习近平主席积极回应各方期待，宣布未来 3 年中方愿利用中国—上海合作组织国际司法交流合作培训基地等平台，为各方培训 2000 名执法人员，强化执法能力建设。各国领导人围绕提升安全合作水平、拓展安全合作领域、丰富安全合作实践等进行深入探讨并达成重要共识，批准打击“三股势力”、打击毒品犯罪等合作文件。

增添共谋发展新能量。习近平主席倡议，要促进发展战略对接，本着共商共建共享原则，推进“一带一路”建设，加快地区贸易便利化进程，加紧落实国际道路运输便利化协定等合作文件。习近平主席欢迎各方积极参与 2018 年 11 月在上海举办的首届中国国际进口博览会，表示中国政府支持在青岛建设中国—上海合作组织地方经贸合作示范区，还将设立“中国—上海合作组织法律服务委员会”，为经贸合作提供法律支持，并宣布中方将在上海合作组织银行联合体框架内设立 300 亿元人民币等值专项贷款。各国领导人批准涉及贸易便利化、粮食安全、海关协作等领域的务实合作文件，同意加强“一带一路”建设合作和发展战略对接，打造区域融合发展新格局。

开创人文交流新局面。习近平主席倡议，要积极落实成员国环保合作构想等文件，继续办好青年交流营等品牌项目，扎实推进教育、科技、文化、旅游、卫生、减灾、媒体等各领域合作。习近平主席宣布，未来 3 年中方将为各成员国提供 3000 个人力资源开发培训名额，增强民众对上合组织大家庭的了解和认同；中方愿利用风云二号气象卫星为各方提供气象服务。各国领导人批准环保、旅游、卫生等领域的合作文件，同意继续加强在文化、教育、科技、体育、媒体、青年等各领域交流合作。

实现国际合作新拓展。习近平主席倡议，要强化同观察员国、对话伙伴等地区国家交流合作，密切同联合国等国际和地区组织的伙伴关系，同国际货币基金组织、世界银行等国际金融机构开展对话，为推动化解热点问题、完善全球治理作出贡献。本次峰会首次迎来欧亚经济联盟负责人以及国际货币基金组织、世界银行的高级代表，上合组织秘书处还同联合国教科文组织签署合作文件。

（四）同新老成员国、观察员国合作再上新台阶

峰会期间，习近平主席密集开展近 30 场双边活动，同上合组织成员国、观察员国领导人共商合作，取得多边搭好台、双边唱好戏的积极效果。推动中俄关系在高水平上实现新发展。俄罗斯总统普京选择中国作为新一届总统任期内首个进行国事访问的国家。习近平主席同普京总统就新形势下进一步发展和深化中俄关系深入交换意见，一致同意秉持世代友好理念和战略协作精神，拓展和深化各领域合作，推动新时代中俄关系在高水平上实现更大发展。中俄两国还以联合声明形式明确“推动建设相互尊重、公平正义、合作共赢的新型国际关系，推动构建人类命运共同体”，开启在双边层面携手推动构建新型国际关系和人类命运共同体的示范。除国事活动外，普京总统的这次访问亮点纷呈，精彩瞬间不断。700 多位中俄友好人士共同见证习近平主席向普京总统授予中国首枚“友谊勋章”的历史性时刻。当习近平主席亲自为普京总统挂授这枚沉甸甸的“友谊勋章”那一刻，全场掌声雷动，经久不息，中俄传统友谊得到进一步升华。

推动同中亚国家双边合作取得新成果。习近平主席同中亚国家领导人分别

就双方在“一带一路”框架内加强合作达成重要共识。同哈萨克斯坦总统纳扎尔巴耶夫就中哈治国理政经验深入交换意见，并将对方稳定、发展、振兴视为自身发展机遇。同吉尔吉斯斯坦总统热恩别科夫一致同意建立中吉全面战略伙伴关系，弘扬两国世代友好精神，共同奋斗实现发展振兴。同乌兹别克斯坦总统米尔济约耶夫一致认为，双方要继续弘扬两国世代友好精神，深化产能、投资、互联互通、人文等领域合作，推动两国关系在新的起点上继续加快发展。同塔吉克斯坦总统拉赫蒙一致认为，两国要继续相互帮助、彼此支持，携手应对挑战，实现共同发展，让两国友好事业更广泛惠及两国人民。

印度和巴基斯坦加入上合组织，对上合组织自身发展、我国同印巴两国的双边合作都带来积极促进效应。印巴两国的加入，使上合组织在地理范围、人口总量、国际影响力和合作模式吸引力上都实现了明显提升，为上合组织进一步发展营造了更大舞台，也为我国同两国的双边关系开辟了新的前景。在习近平主席同印巴两国领导人的分别会见中，大家一致表示将共同弘扬“上海精神”，推动上合组织健康稳定发展。习近平主席同印度总理莫迪商定，共同落实好武汉非正式会晤达成的重要共识，持续增进政治互信，全面开展互利合作，推动中印关系更好更快更稳向前发展。同巴基斯坦总统侯赛因商定，进一步加强高层交往和战略沟通，稳步推进中巴经济走廊建设。

推动同观察员国的深入沟通和各领域合作。习近平主席向伊朗总统鲁哈尼强调伊朗核问题全面协议是多边主义重要成果，有助于维护中东地区和平稳定及国际核不扩散体系，应该继续得到切实执行。同白俄罗斯总统卢卡申科商定加强战略对接和政策沟通，不断优化、平衡双边贸易结构，发挥“蚂蚁效应”推进中白工业园建设，以即将实行持普通护照人员互免签证为契机促进人员交流。对阿富汗总统加尼表示中方支持阿政府推进和解进程，通过政治对话解决阿富汗问题，支持阿参与“一带一路”建设。同蒙古总统巴特图勒嘎就加快推动“一带一路”倡议同“发展之路”倡议对接落实等达成共识。

此外，习近平主席在峰会期间主持召开中俄蒙元首第四次会晤。三国元首全面总结三方合作进展和成果，共同规划下一阶段优先任务和方向。习近平主席呼吁三方合力走出一条互利共赢、融合发展的普惠之路，塑造邻国之间的合作典范，提出深化政治互信和战略协作、以推动重点合作带动全面合作、扩大在上合组织框架内协调和配合等倡议，得到俄蒙两方积极响应。

（五）上合组织整装再出发

当前，世界正处于大发展大变革大调整时期，经济全球化、国际关系民主化的时代潮流势不可挡。上合组织成员国将共同高举“上海精神”这面旗帜,坚持结伴不结盟、对话不对抗的合作模式,大力推进同观察员国、对话伙伴间的沟通协调,密切与联合国等国际和地区组织间的交流合作,进一步拓展互信、互利、友好、合作的国际伙伴关系网络,积极致力于推动构建新型国际关系,推动构建人类命运共同体。

成员国将坚持共护安全、共谋发展的目标,着力深化务实合作。未来 5～10 年是成员国国家发展振兴的关键期和机遇期。成员国将深入落实长期睦邻友好合作条约实施纲要,不断加强政策沟通,进一步加强发展战略对接,全面提升安全、经济、人文等重点领域合作水平,推动上合组织在筑牢地区安全屏障、打造共同发展合作平台方面发挥更大作用,为地区各国人民带来更多实实在在的安全与发展红利。

成员国将坚持推进区域合作,积极参与全球治理。成员国将继续推动区域融合发展,完善上合组织多边经贸合作机制,落实成员国多边经贸合作纲要。坚持平等协商、合作共赢原则,推动上合组织就维护多边贸易体系、和平解决热点问题发出“上合声音”,贡献“上合方案”。

上合组织从青岛这个海滨之城获得了新的能量,开始了新的征程。中国将一如既往,同上合组织各成员国一道,全面落实峰会成果,使上合组织团结更紧密、合作更高效、行动更有力。“升级版”的上合组织必将迎来更加灿烂美好的明天。

三、贡献全球治理新方案,构建上合命运共同体

(一)上合组织“五大观念”成为建设新型国际关系的基本理念

“上海精神”是上海合作组织的灵魂和共同财富。17 年来,上海合作组织践行“上海精神”,成为新型国际组织的典范。为进一步弘扬“上海精神”,携手建设人类命运共同体,习近平主席呼吁上合组织践行“五大观念”,即提倡创新、协调、绿色、开放、共享的发展观,践行共同、综合、合作、可持续的安全观,秉持开放、融通、互利、共赢的合作观,树立平等、互鉴、对话、包容的文明观,坚持共商共建共享的全球治理观。

“五大观念”概括总结了新型国际关系基本理念。相互尊重、公平正义、合作共赢是新型国际关系的内涵。新的发展观,有利于实现各国经济社会协同进步,解决发展不平衡带来的问题,缩小发展差距,促进共同繁荣。新的安全观,要求摒弃冷战思维、集团对抗,反对以牺牲别国安全换取自身绝对安全的做法,实现普遍安全。新的合作观,拒绝自私自利、短视封闭的狭隘政策,维护世界贸易组织规

则,支持多边贸易体制,构建开放型世界经济。新的文明观,以文明交流超越文明隔阂,以文明互鉴超越文明冲突,以文明共存超越文明优越。新的全球治理观,不断改革完善全球治理体系,推动各国携手建设人类命运共同体。

“五大观念”为“上海精神”增添了新的时代内涵。一方面,“上海精神”催生了强大凝聚力。另一方面,各成员国坚持以平等互信为基础、以互利共赢为原则、以对话协商为手段、以共同发展为目标,坚持开放透明、不针对第三方,坚持共同、综合、合作、可持续的新型安全观,确立了长期睦邻友好合作关系,开创了结伴而不结盟的国际关系新模式,为国际社会构建以合作共赢为核心的新型国际关系实践注入了强大动力,增添了“上海精神”时代内涵。

“五大观念”赋予上合组织新的历史使命。习近平主席倡导的发展观、安全观、合作观、文明观、全球治理观,为上合组织指明了努力方向。尤其,经各方协商一致,“推动建设相互尊重、公平正义、合作共赢的新型国际关系,确立构建人类命运共同体的共同理念”被写入青岛宣言,这将有利于深化上合组织成员国之间的互利合作,为上合组织的发展注入不竭动力,促进本地区乃至世界的共同发展与繁荣。

(二)上合组织青岛峰会贡献全球治理新方案

随着中国逐渐成为全球治理的重要参与者,不仅仅为世界贡献了大量全球公共产品,更是为推动全球治理体系朝着更加公正合理的方向发展提供了中国智慧和中国方案。

发出声音、提供智慧、拿出方案,中国主动参与全球治理。在瑞士达沃斯论坛、亚太经合组织利马会议、二十国集团杭州峰会等国际场合,习近平主席倡导平等、开放、合作、共享的全球经济治理观,开出标本兼治、综合施策的药方。秉持共商、共建、共享原则,深化互利共赢格局,“一带一路”倡议为全球经济治理提供新思路新方案。洛桑大学中国问题专家安东尼·克尔嫩就表示,中国正在从自由贸易与全球化的受益者和参与者转变为全球治理与国际规则的制定者和引领者。

行胜于言。中国发起成立了亚洲基础设施投资银行、金砖国家新开发银行、丝路基金、南南合作援助基金、国际发展知识中心等,丰富了全球治理的体制机制。此外,中国还利用主办亚太经合组织北京会议、二十国集团杭州峰会、“一带一路”国际合作高峰论坛、金砖国家领导人厦门会晤等主场外交的机会,积极推动上述全球治理方案机制化。事实上,党的十八大以来,作为世界第二大经济体,负责任的中国以自身的智慧和行动,为世界经济提高韧性和可持续性提供着源源不断的动力。

“潮平两岸阔，风正一帆悬”。越来越多的中国方案从为世界所知到为世界所用，向世界展现了一个社会主义大国坚持走和平发展道路、推动构建新型国际关系和人类命运共同体的抱负和担当。党的十九大报告指出，中国将继续发挥负责任大国作用，积极参与全球治理体系改革和建设，不断贡献中国智慧和力量。可以肯定，在以习近平同志为核心的党中央坚强领导下，在习近平外交思想指导下，作为负责任的大国，中国将为推动构建人类命运共同体的崇高事业作出新的更大贡献。

习近平主席在上海合作组织青岛峰会上指出，“我们要坚持共商共建共享的全球治理观，不断改革完善全球治理体系，推动各国携手建设人类命运共同体”，“我们要强化同观察员国、对话伙伴等地区国家交流合作，密切同联合国等国际和地区组织的伙伴关系，同国际货币基金组织、世界银行等国际金融机构开展对话，为推动化解热点问题、完善全球治理作出贡献”。这些重要倡议和主张，登高望远、务实担当，契合世界发展进步的时代潮流，释放出上合组织将进一步为完善全球治理、推动本地区乃至世界的和平与繁荣担起责任、贡献智慧的积极信号。

小智治事，大智治制。随着世界多极化、经济全球化、社会信息化、文化多样化的深入发展，各国相互联系和依存日益加深，推动全球治理体系改革是大势所趋，也是构建人类命运共同体的必由之路。由于现行全球治理体系主要建立于第二次世界大战结束后，其跟不上时代发展、不适应现实需要的地方越来越多。一方面，世界面临一系列传统和非传统安全威胁，各种全球性挑战层出不穷；另一方面，经济全球化深入发展，把世界各国利益和命运更加紧密地联系在一起，形成了你中有我、我中有你的利益共同体，各国唯有合作加强全球治理，才能共同应对挑战，实现同舟共济。

积极推动完善全球治理，是上合组织担当责任的应有之义。17 年来，上合组织构建起不结盟、不对抗、不针对第三方的建设性伙伴关系，开创了区域合作新模式，为全球治理提供了新平台；创造性地提出并始终践行“上海精神”，主张互信、互利、平等、协商、尊重多样文明、谋求共同发展，超越了文明冲突、冷战思维、零和博弈等陈旧观念，掀开了国际关系史崭新的一页，为全球治理提供了新理念；上合组织已成为世界上幅员最广、人口最多的综合性区域合作组织，是促进世界和平与发展、维护国际公平正义不可忽视的重要力量，为全球治理提供了新动力。随着上合组织稳步成长壮大，也将逐步承担更多力所能及的责任，特别是在改革完善全球治理体系等关乎人类前途命运的重大课题上不能缺席。

上合组织青岛峰会是欧亚地区各国探索构建新型国际关系和新型国际组织

的一种尝试，对于构建人类命运共同体具有重要意义。中国的全球治理观坚持共商共建共享，不断改革和完善现有的全球治理体系，推动各国携手建设人类命运共同体。上合组织命运共同体是人类命运共同体的重要组成部分和实施先导，必将推动人类命运共同体的构建。当前，世界处于多变时期，中国提出一系列积极的观念和主张，体现出东方智慧，对国际经济合作、文明交流以及完善全球治理都具有重大意义。

（三）为构建命运共同体绘制蓝图

随着全球化的不断深入发展，各国的利益和命运比以往任何时候都更加紧密地联系在了一起。习近平主席站在人类社会发展潮流的前端，倡导合作发展理念，提出了构建人类命运共同体的倡议。2017 年 1 月 18 日，习近平主席在瑞士日内瓦万国宫出席"共商共筑人类命运共同体"高级别会议，并发表题为"共同构建人类命运共同体"的主旨演讲。党的十九大报告提出，坚持和平发展道路，推动构建人类命运共同体。

习近平主席提出的构建人类命运共同体的理念受到国际上越来越多的认可和欢迎，被写入联合国多份决议和文件。这一重要理念对打造富有活力、开放共赢、公正合理以及平衡普惠的新型国际关系的重要意义，将随着时间的推移不断得以显现。

上海合作组织成立 17 年来，在"上海精神"的指引下，各成员国家相互尊重、相互支持，不断提升合作的水平。上合组织从初创到成熟，已经在各个领域都取得了稳步的合作发展，比如经济、安全、政治、对外交流、机制建设等方面，为打造地区命运共同体夯实了精神基础和物质基础。现在来看，上海合作组织已经成为一个非常具有典范意义的国际和地区组织。所以，经过 17 年的发展，上海合作组织已经到了一个成熟的阶段，未来它将朝着构建人类命运共同体的方向稳步推进。

"上海合作组织是实践'人类命运共同体'的试验区，成员国应积极推动探索构建人类命运共同体。"在理念共同体方面，"上海精神"是成员国的共同理想和追求，上合组织宪章是成员国的共同法律遵循；在利益共同体方面，成员国在区域产业发展上具有梯度效应，在经济结构上具有互补性，在发展工业方面有互惠互利为基础的共同合作愿望；在责任共同体方面，维护成员国政权稳定和社会安定、维护本地区安全与稳定是成员国长期以来一直高度认可的首要责任，发展经济改善民生、增加人民福祉是成员国执政党和政府的共同责任；在安全共同体方面，共同打击"三股势力"，共同应对非传统安全威胁，坚持合作安全、综合安全、可持续安全,而不追求绝对安全的"新安全观"是成员国共同的安全理念。

打造上合组织命运共同体应主要从三个方面考虑:一是政治层面,无论新成员国,还是老成员国,应该拆除意识形态的藩篱,各成员国政党之间应加强执政经验交流,互学互鉴,共同进步,加强各国政党领导和政府治理能力,坚持走符合本国国情的发展道路,维护成员国社会稳定与发展繁荣。二是经济层面,上合组织应支持国际多边贸易体系,反对任何形式的贸易保护主义,减少地区贸易壁垒,推进交通运输便利化,加强成员国经贸合作与相互投资,打造上合组织地区利益共同体、经济共同体,逐步形成区域统一的经济空间,为成员国提供更多更好的公共产品,切实改善成员国人民生活水平。三是文化层面,成员国应尊重各自文化、宗教、种族差异,相互学习借鉴,倡导"和而不同""美美与共",加强民间交往,促进民间融合和理解。

思考问题

1. 习近平在青岛峰会上提出的五大观念是什么?

2. 习近平在青岛峰会上提出的五大建议是什么?

3. 上合组织青岛峰会提出了什么样的全球治理方案?

4. 如何理解上合组织青岛峰会与人类命运共同体构建的关系?

参考文献

1. 习近平谈治国理政:第一卷[M]. 北京:外文出版社,2018.

2. 习近平. 弘扬"上海精神" 构建命运共同体——在上海合作组织成员国元首理事会第十八次会议上的讲话[M]. 北京:人民出版社,2018.

3. 习近平新时代中国特色社会主义思想三十讲[M]. 北京:学习出版社,2018.

4. 习近平总书记系列重要讲话读本[M]. 北京:人民出版社,2014.

5. 王帆. 人类命运共同体:全球治理的中国方案[M]. 长沙:湖南人民出版社,2017.

6. 金灿荣. 中国智慧(十八大以来中国外交)[M]. 北京:中国人民大学出版社,2017.

专题十一

新时代中国特色大国外交思想

2018年6月22日至23日，中央外事工作会议在北京召开，习近平总书记在会上发表重要讲话，全面总结了党的十八大以来我国对外工作取得的历史性成就和实践经验，系统阐明了新时代中国特色社会主义外交思想。习近平总书记强调指出，我国对外工作要坚持以新时代中国特色社会主义外交思想为指导，统筹国内国际两个大局，牢牢把握服务民族复兴、促进人类进步这条主线，推动构建人类命运共同体，坚定维护国家主权、安全、发展利益，积极参与引领全球治理体系改革，打造更加完善的全球伙伴关系网络，努力开创中国特色大国外交新局面。

一、习近平总书记中央外事工作会议讲话精神

习近平在讲话中指出，党的十八大以来，在党中央坚强领导下，面对国际形势风云变幻，我国对外工作攻坚克难、砥砺前行、波澜壮阔，开创性推进中国特色大国外交，经历了许多风险考验，打赢了不少大仗硬仗，办成了不少大事难事，取得了历史性成就。在实践中，我们积累了有益经验和深刻体会，对外工作要坚持统筹国内国际两个大局，坚持战略自信和保持战略定力，坚持推进外交理论和实践创新，坚持战略谋划和全球布局，坚持捍卫国家核心和重大利益，坚持合作共赢和义利相兼，坚持底线思维和风险意识。

习近平强调，党的十八大以来，我们深刻把握新时代中国和世界发展大势，在对外工作上进行一系列重大理论和实践创新，形成了新时代中国特色大国外交思想，概括起来主要有以下10个方面：坚持以维护党中央权威为统领加强党对对外工作的集中统一领导，坚持以实现中华民族伟大复兴为使命推进中国特色大国外交，坚持以维护世界和平、促进共同发展为宗旨推动构建人类命运共同体，坚持以中国特色社会主义为根本增强战略自信，坚持以共商共建共享为原则推动“一带一路”建设，坚持以相互尊重、合作共赢为基础走和平发展道路，坚持以深化外交布局为依托打造全球伙伴关系，坚持以公平正义为理念引领全球治理体系改革，坚持以国家核心利益为底线维护国家主权、安全、发展利益，坚持以对外工作优良传统和时代特征相结合为方向塑造中国外交独特风范。我们要全面贯彻落实新

时代中国特色社会主义外交思想,不断为实现中华民族伟大复兴的中国梦、推动构建人类命运共同体创造良好外部条件。

习近平指出,把握国际形势要树立正确的历史观、大局观、角色观。所谓正确历史观,就是不仅要看现在国际形势什么样,而且要端起历史望远镜回顾过去、总结历史规律,展望未来、把握历史前进大势。所谓正确大局观,就是不仅要看到现象和细节怎么样,而且要把握本质和全局,抓住主要矛盾和矛盾的主要方面,避免在林林总总、纷纭多变的国际乱象中迷失方向、舍本逐末。所谓正确角色观,就是不仅要冷静分析各种国际现象,而且要把自己摆进去,在我国同世界的关系中看问题,弄清楚在世界格局演变中我国的地位和作用,科学制定我国对外方针政策。当前,我国处于近代以来最好的发展时期,世界处于百年未有之大变局,两者同步交织、相互激荡。做好当前和今后一个时期对外工作具备很多国际有利条件。

世界潮流,浩浩荡荡,顺之则昌,逆之则亡。新时代,开创中国特色大国外交,把握历史规律,认清世界大势,顺应时代潮流至关重要。习近平强调,从党的十九大到党的二十大,是实现"两个一百年"奋斗目标的历史交汇期,在中华民族伟大复兴历史进程中具有特殊重大意义。纵观人类历史,世界发展从来都是各种矛盾相互交织、相互作用的综合结果。我们要深入分析世界转型过渡期国际形势的演变规律,准确把握历史交汇期我国外部环境的基本特征,统筹谋划和推进对外工作。既要把握世界多极化加速推进的大势,又要重视大国关系深入调整的态势。既要把握经济全球化持续发展的大势,又要重视世界经济格局深刻演变的动向。既要把握国际环境总体稳定的大势,又要重视国际安全挑战错综复杂的局面。既要把握各种文明交流互鉴的大势,又要重视不同思想文化相互激荡的现实。

二、习近平总书记要求外交工作把握"四个大势"

(一)把握世界多极化加速推进的大势,重视大国关系深入调整的态势

国际格局快速走向多极化,是时代进步的要求,也符合各国人民的利益。多极化格局使世界各种力量逐渐形成既相互借重又相互制约与制衡的关系,有利于避免新的世界大战的爆发,有利于遏制霸权主义和强权政治,有利于推动建立公正合理的国际政治经济新秩序,有利于实现各国人民对和平、稳定、繁荣的新世界的美好追求,也有利于广大发展中国家抓住机遇、发展自己。大国关系历来是牵动世界和平与发展的重要因素。冷战结束以来,尤其是2008年国际金融危机以来,经济全球化、社会信息化、世界多极化深入发展,大国关系经历新一轮深刻调

整。各主要大国根据全球战略环境深刻变化，着眼增强综合国力和国际竞争力，纷纷推进对外战略调整，在政治上分化重组、经济上融合竞争、文化上交流交锋，形成既竞争制约又合作协调的大国关系态势。比如，中美在相互适应、探索构建新型大国关系；美俄关系在曲折中重新走向较量……越来越多的新兴大国在大国关系中发挥日益重要的作用。把握世界多极化加速推进的大势，重视大国关系深入调整的态势是新时代对外工作的重要一环。

（二）把握经济全球化持续发展的大势，重视世界经济格局深刻演变的动向

经济全球化是当今世界发展变化的深刻背景和根本趋势，也直接影响我国对外工作战略的选择。经济全球化是社会生产力发展的客观要求和科技进步的必然结果，它让世界各国经济联系加强，相互依赖的程度日益加深，任何国家或地区的经济发展都离不开外部的资源、资本、技术和市场。国际经济协调机制重要性越来越突出，各种多边或区域组织对世界经济的协调和约束作用增强。与此同时，以中国为代表的发展中经济大国以新兴经济体强劲增长的态势深度融入全球化格局之中，改变了经济全球化的整体面貌，并强有力地推动经济全球化进入新时代。这不仅改变了全球经济体系的基本结构，而且各国经济尤其是产业体系高度绞合，国际分工合作冲破地理国界和政治国界。不仅经济行为普遍跨越国界，而且经济主体的组织形态跨越国籍，跨国公司以及跨国产业链成为经济全球化的重要载体和实现形式。各国经济特别是各大国经济，包括对手国家经济之间，都处于相互交织的关联网中。我们必须把握这些大势和规律，探索经济全球化条件下中国对外工作的政策和战略。

（三）把握国际环境总体稳定的大势，重视国际安全挑战错综复杂的局面

目前，全球安全形势总体趋缓，国际环境总体稳定的基本态势进一步发展，世界大战和大国全面对抗在较长时期内可以避免，和平发展的时代主流不变。但国际安全形势复杂多变，传统与非传统安全领域危险交织，传统冲突趋缓而冲突根源并未消除，非传统安全威胁上升，各种新危险新挑战不断出现。面对当前总体稳定的国际环境以及中国在国际安全环境中的各种问题与挑战，新时代的对外工作应当合理调整我国国际安全战略策略，抓住主要矛盾，利用各种有利因素重点处理好与大国及主要邻国的关系，巩固地缘战略依托，妥善处理我国传统安全和非传统安全问题，努力维护我国和平崛起战略机遇期良好的国际安全环境。

(四)把握各种文明交流互鉴的大势,重视不同思想文化相互激荡的现实

在对外工作上,我们党历来主张用欣赏、包容、互鉴的态度来看待世界上的不同文明,主张各种文明间的交流对话。周恩来曾形象地把外交、外贸和对外文化交流比喻为一架飞机,外交是机身,外贸和对外文化交流是飞机的两翼。习近平指出:“文明交流互鉴,是推动人类文明进步和世界和平发展的重要动力。”“我们应该从不同文明中寻求智慧、汲取营养,为人们提供精神支撑和心灵慰藉,携手解决人类共同面临的各种挑战。”当今世界,各种文明既迎来百花齐放、争奇斗艳的广阔空间,又面临强化认同、凸显特色的发展局面。特别是在全球化和信息化深入发展,各种文明交往互动空前广泛深入的背景下,彼此是包容互鉴、共同进步、交相辉映,还是唯我独尊、冲突对立、你输我赢,这不仅影响世界的和平与发展,而且决定人类文明的整体前景。新形势下,党的对外工作要进一步把握各种文明交流互鉴的大势,重视不同思想文化相互激荡的现实,更加注重以文明交流互鉴为基础的理念交友。习近平指出:“应该推动不同文明相互尊重、和谐共处,让文明交流互鉴成为增进各国人民友谊的桥梁、推动人类社会进步的动力、维护世界和平的纽带。”

三、新时代中国特色大国外交的主要思想

党的十八大以来,以习近平同志为核心的党中央深刻把握新时代中国和世界发展大势,在对外工作上进行一系列重大理论和实践创新,形成了新时代中国特色社会主义外交思想,是新时代中国特色社会主义思想的重要组成部分。

(一)中国特色大国外交思想的国际背景

当今世界,国际形势发生复杂深刻变化,世界正经历百年未有之大变局。西方世界危机重重。极具争议的特朗普主政白宫以来,保守主义和内顾倾向日益加剧,自退出TPP、《巴黎协定》、联合国教科文组织、伊核协议之后,又退出联合国人权理事会,一系列退群的举动,除了“任性”之外,更加反映出美国国内的种种问题。欧洲日子也不好过,自2008年爆发主权债务危机后,欧盟内部裂痕加剧,加上近年来的欧洲难民危机、英国脱欧等事件的发生,导致广大民众对传统政治高度失望。

面对世界乱象,中国没有置身事外。党的十八大以来,以习近平同志为核心的党中央,带领全国人民成功走出了一条中国特色大国外交之路。在应对国际局势深刻演变、全球治理体系急剧变革和国际风云突变的重大时刻,中国政府积极

作为、勇于担当，开展了一系列全面、深刻、务实的外交实践和行动，进行了一系列重大外交决策机制和外交政策与策略的改革创新，创立了习近平外交思想。

实践是理论的源泉，理论是行动的先导和指南。大发展大变革大调整的世界格局和宏大的外交实践推动了习近平新时代中国特色社会主义外交思想的历史性诞生，这一思想也为新时代中国特色大国外交实践提供了根本遵循。

习近平外交思想指引下的中国特色大国外交，在国际舞台上积极发出中国声音，提出了中国倡议，展示了自信开放、包容合作的中国风格和中国气派，赢得了国际社会高度赞誉与广泛支持，极大提高了中国的国际声望。放眼未来，以习近平外交思想为引领，定能谱写出中国特色大国外交崭新篇章。

（二）中国特色大国外交的思想内涵

党的十八大以来，中国特色大国外交思想开始形成体系，也成为外交实践的指导原则。中国的世界秩序观、国际责任观和国家利益观是中国特色大国外交的重要思想内涵，突出表现了具有鲜明特色的外交理念。

中国的世界秩序观以坚持联合国宪章宗旨和原则为立足点，以维护国际秩序总体稳定和可持续发展为出发点，以推动新型国际关系为着力点。联合国体制是第二次世界大战后国际秩序的基石，对维护世界和平与稳定起到了重要作用。联合国宪章的宗旨和原则在当今世界具有更加重要的意义。增强联合国的权威，维护联合国体系的制度，也就是维护世界基本秩序的总体稳定和可持续发展。中国对现行国际制度不谋求另起炉灶，主张对不能有效维护秩序的制度和机制进行合理的改革、完善和补充。中国外交着力于推动建立和平合作的新型国际关系，推进国际关系民主化进程，支持以多边主义为基本的秩序运行机制，强调改变霸权和强权政治等传统国际政治中不合理的成分，主张不同文化和价值的多元融合、互学互鉴。只有在一个国际关系民主化的环境里，世界秩序的持久稳定才能够真正得以保证。

中国的国际责任观以公平、平等、正义为基础，以合作共赢为原则，以关切发展中国家利益为重点，以建立人类命运共同体为目标。中国坚持不冲突、不对抗、相互尊重、合作共赢的新型大国关系准则，坚定支持发展中国家正当诉求和合理利益，以正确义利观为指导方针，对周边国家提出“亲、诚、惠、容”、对非洲国家提出“真、实、亲、诚”的关系原则。“一带一路”、亚洲基础设施投资银行（简称“亚投行”）等中国倡议，表现了向国际社会提供公共产品的大国意识，也展示了对发展中国家基础设施和经济发展的特别关注。当今世界遭遇民粹主义、贸易保护主义乃至种族主义严峻挑战，中国以负责任大国的身份，坚定不移地支持开放的世界经济体系,积极参与全球治理,努力打造利益共同体、安全共同体、责任共同体和人类命运共同体。

中国的国家利益观是以捍卫主权、安全、发展三大国家核心利益为重心的三位一体综合安全思想。中国提出主权、安全、发展为国家核心利益,申明中国捍卫国家核心利益的坚定决心。中国国家利益观的形态以政治安全为前提,保障主权、安全、发展的整体安全。维护中国的基本制度和政治大局稳定、维护国家主权和领土完整、维护经济的持续稳定和发展,是国家核心利益不可分割的三个组成部分。这三个部分共同构成国家利益观的基本内容,充分表现了中国大国外交中国家利益内涵的鲜明特色。

(三)中国特色大国外交的基本主张

正确认识国际力量对比,准确把握世界发展大势,历来是中国制定对外战略和策略的重要依据和前提。近年来,世界上新旧格局转换和力量对比变化引发的地缘政治裂变持续发酵,各种各样的矛盾和冲突此起彼伏,恐怖主义威胁肆虐全球,国际经济走势阴晴不定,人类社会面临的传统安全与非传统安全问题相互交织。

面对世界大发展大变革大调整的复杂形势,以习近平同志为核心的党中央一方面坚持和平与发展是时代主题的科学判断,坚持和平发展大势不可逆转的基本估计,另一方面也清醒地认识到世界面临的不稳定性不确定性日益突出,人类面临许多共同挑战。正是基于这些判断和估计,习近平总书记呼吁:“各国人民同心协力,共同构建人类命运共同体,共同建设持久和平、普遍安全、共同繁荣、开放包容、清洁美丽的世界。”

为了实现这样的崇高理想和目标,习近平总书记在十九大报告中旗帜鲜明地主张,在国际事务中“要相互尊重,平等协商,坚决摈弃冷战思维和强权政治,走对话而不对抗、结伴而不结盟的国与国交往新路”,指出“要尊重世界文明多样性,以文明交流超越文明隔阂、文明互鉴超越文明冲突、文明共存超越文明优越”。

新时代中国特色大国外交归根到底是以中华民族传统文化中“天下为公”的优良品格与人类文明中崇尚和平友善的普遍诉求相结合为指导思想,以兼顾中国自身利益与世界各国共同利益为基本原则,以参与全球化谋求共同发展并引导全球治理向更高水平迈进为终极目标。在党的十九大报告中,习近平总书记对国际社会郑重承诺:“中国发展不对任何国家构成威胁。中国无论发展到什么程度,永远不称霸,永远不搞扩张。”

（四）新时代对外工作的重点

要围绕党和国家工作重要节点，推动对外工作不断开创新局面。未来5年第一个百年奋斗目标要实现，第二个百年奋斗目标要开篇，其中有一系列重要时间节点和重大活动。对外工作要以此为坐标，通盘考虑，梯次推进，既整体布局又突出重点，既多点开花又精准发力，发挥综合积极效应。要高举构建人类命运共同体旗帜，推动全球治理体系朝着更加公正合理的方向发展。要坚持共商共建共享，推动“一带一路”建设走实走深、行稳致远，推动对外开放迈上新台阶。要运筹好大国关系，推动构建总体稳定、均衡发展的大国关系框架。要做好周边外交工作，推动周边环境更加友好、更加有利。要深化同发展中国家团结合作，推动形成携手共进、共同发展新局面。广大发展中国家是我国在国际事务中的天然同盟军，要坚持正确义利观，做好同发展中国家团结合作的大文章。要深入推动中国同世界深入交流、互学互鉴。

要增强政治意识、大局意识、核心意识、看齐意识，坚决维护党中央权威和集中统一领导，自觉在思想上政治上行动上同党中央保持高度一致，确保令行禁止、步调统一；要强化统筹协调，各有侧重，相互配合，形成党总揽全局、协调各方的对外工作大协同局面；要建设一支忠于党、忠于国家、忠于人民，政治坚定、业务精湛、作风过硬、纪律严明的对外工作队伍；要根据党中央统一部署，落实对外工作体制机制改革。

进入新时代的大国外交，在习近平外交思想的指导下，牢牢把握服务民族复兴、促进人类进步这条主线，以更远大的目标、更恢宏的格局、更开阔的胸襟、更从容的气度，把中国特色大国外交推向更高境界。

四、推进新时代中国特色大国外交的重要意义

党的十九大报告总结了过去5年我国外交工作的实践，提炼了指导当前我国外交工作的基本原则。在过去的5年，中国把握住历史趋势，提出了新外交思路。历史地看，这一时期承前启后，是中国崛起的一个关键时期，无疑在中国外交史中占据举足轻重的地位。党的十九大报告指出，中国特色社会主义进入了新时代，这一历史定位对于推进中国特色大国外交同样具有深远的战略意义。

首先，从我国所处的战略环境来看，机遇与挑战共存，未来挑战有可能越来越大。回顾过去的5年，世界格局纷乱异常，中国外交面临诸多困难，总体而言，中国抓住了战略机遇。在未来一段时期，我国发展仍处于重要战略机遇期，但是同样面临着十分严峻的挑战。不能忽视的是，随着中国和平发展进入深水区，面临

的外部环境也越来越复杂、越来越具有挑战性。为此,在当前世界处于大发展大变革大调整的时期,中国需要主动创造战略机遇期,进一步推进中国特色大国外交。

其次,重申了实现中华民族伟大复兴的战略目标。中华民族伟大复兴在国内政治上有其独特含义,而表现在外交层面,中国要恢复到历史上曾经有过的国际地位。当前,中国正逐渐成为世界大国,这不仅需要国人有战略自信,更意味着中国在国际社会上将拥有世界大国的国际地位。从历史的进程来看,当前中国发挥负责任大国作用,积极参与全球治理体系的改革与建设,不断贡献中国智慧和中国方案,这正是中国成为世界大国的必经阶段。

再次,形成和丰富了中国特色大国外交的手段。党的十八大以来,中国外交变得更加积极进取、奋发有为。在地缘层面,中国不仅在周边外交中提出了“亲诚惠容”理念,深化与周边国家的关系,还提出了新型大国关系来处理中美关系。在议题领域,中国提出了“一带一路”倡议,试图通过互联互通来推动中国与周边地区的经济合作。为了补足亚洲地区在基础设施投资方面的缺额,中国倡导创设亚投行,以推动亚洲地区的多边开发。亚投行是中国创设国际制度的一次重大尝试,借鉴已有的先进理念和规则,同时提出创新性的理念和规则,这两者同样重要。此外,中国还重视亚太自贸区建设,试图推动自由贸易和区域经济一体化的发展。相对而言,目前在安全领域,一些创造性的概念和战略相对落后于经济领域,这是未来我国亟待加强的方面。

从亚投行到“一带一路”,从新型大国关系到人类命运共同体,仔细审视这些倡议和概念,有助于我们理解我国所处的历史进程。我国进入新时代的历史定位,在外交层面上意味着我国从一个阶段进入到一个更高的阶段。这种定位的变化,意味着我国外交政策正在经历三个重大的转变。

第一,我国的国家定位正在转变。长期以来,由于实力所限,我国对自身在国际社会中的定位是区域大国,这意味着我国的影响力局限于区域范围之内。近年来,随着我国经济的快速发展,综合国力日益强大,我国的海外利益已经遍布全球。商务部的数据显示,2016 年,我国境内投资者共对全球 164 个国家和地区进行了 1700 亿美元的非金融类直接投资,我国共有 1.2 亿人出国旅游。也就是说,我国正在从一个区域大国转变为世界大国,影响力也已经跨越区域的限制,扩展到全球层面。

第二,我国的国际角色正在转变。改革开放以后,我国坚持以经济建设为中心,积极融入国际社会,对全球治理关注较少。随着经济持续发展,我国越来越多参与到全球事务中来，并且推动改革全球治理体系中不公正不合理的安排。2016年9月27日，中共中央政治局就二十国集团领导人峰会和全球治理体系变革进行第三十五次集体学习。习近平在这次集体学习中强调："要提高我国参与全球治理的能力，着力增强规则制定能力、议程设置能力、舆论宣传能力、统筹协调能力。"也就是说，中国正在从一个专注于经济发展的国家，逐渐转变为一个积极参与全球治理的国家。对于这种角色的变化，体现了中国特色大国外交所具有的两个含义：其一，中国是一个大国，因此外交政策要有大国风格和大国气派。其二，中国外交工作将大国置于重要地位。

第三，我国的外交思维正在转变。在外交原则上，中国一贯坚持五项基本原则，坚定奉行独立自主的和平外交政策，尊重各国人民自主选择发展道路的权利，尊重世界文明的多样性。在外交理念上，中国正在总结自身经济发展的经验和现代化的途径，试图为解决人类问题贡献中国智慧和中国方案。从外交思维上看，中国从一种强调自身特色转变为推广自身特色，理念正在发生重大的转变，这对于国际社会具有重要的影响。

作为一个成长中的大国，中国外交的前进道路必然是一个漫长艰难的过程，因此需要明确前进方向，努力创新思想观念，及时总结经验教训，合理使用手中的权力，维护国家利益，为国内长治久安提供良好的外部环境。

思考问题

1. 如何理解新时代中国特色社会主义外交思想？

2. 新时代中国特色大国外交的内涵是什么？

参考文献

1. 坚持以新时代中国特色社会主义外交思想为指导　努力开创中国特色大国外交新局面[N]. 人民日报，2018-06-24.

2. 从新时代中国特色大国外交成就中汲取智慧和力量[N]. 人民日报，2018-06-26.

3. 谱写中国特色大国外交时代华章[N]. 人民日报，2018-06-27.

4. 徐惠喜. 开创中国特色大国外交新局面[N]. 经济日报，2018-06-22.

专题十二

以奋斗之我圆梦青春中国

——习近平总书记2018年5月2日北京大学讲话精神解读

2018年5月2日，五四青年节前夕，北京大学建校120周年，习近平总书记来到北大与北大师生面对面座谈，发表了重要讲话。这一讲话在高校师生，特别是青年学子之间激起了极大的反响，以下是对这一讲话精神的解读。

一、习近平总书记考察北京大学

季春时节，北大校园鲜花盛开，草木葱茏，生机盎然。上午9时许，习近平在中共中央政治局常委、中央书记处书记王沪宁，北京大学党委书记郝平、校长林建华陪同下，首先来到临湖轩，参观“新时代——北京大学近五年成就展”。古色古香的临湖轩里，一块块展板图文并茂，一组组数据清晰直观。习近平认真听取情况介绍，仔细察看北大在文理科学科成就、人才培养、队伍建设、国际交流、社会服务等方面重要成果展示，对北大取得的成绩给予充分肯定。

临湖轩北侧的小庭院，紧邻未名湖，景色宜人。习近平来到庭院，看望部分资深教授和中青年教师代表，并同他们亲切交谈。他们当中既有邓小南、王缉思、林毅夫、钱乘旦、申丹、杜维明、安乐哲等资深老教授，也有彭锋、渠敬东、余淼杰、蒋朗朗等优秀中青年教师。习近平对他们说，看到各位老教授身体健康、精神矍铄，非常高兴，你们几十年如一日笔耕不辍、悉心育人，为培养党和人民需要的优秀人才作出了积极贡献，我向你们表示敬意。美国籍的汉学大师安乐哲先生，翻译过《论语》《孙子兵法》等中国传统经典，2013年荣获第六届世界儒学大会颁发的“孔子文化奖”。习近平亲切问他来自哪所大学、来中国多长时间、是否适应这里的生活，并希望他更多向国外介绍中国优秀传统文化。总书记还勉励中青年教师向老一辈专家学者学习，继续在教学和科研上用心耕耘。

近年来，北京大学培养和汇聚了一批具有世界领先水平的科学家、科技领军人才和创新团队，科研综合实力、原始创新能力显著增强。在金光生命科学大楼一层大厅，展示了近年来北京大学在理科、工科、医科等领域的科研成果。习近平认真听取关于学校学科建设、人才队伍建设、科研创新能力提升等情况介绍，并仔细察看新一代干细胞技术、碳芯片技术、微型双光子显微成像系统等科研装置和实物模型。

习近平对大家说，看了你们的成果展示，我为你们感到骄傲。创新是引领发展的第一动力，是国家综合国力和核心竞争力的最关键因素。重大科技创新成果是国之重器、国之利器，必须牢牢掌握在自己手上，必须依靠自力更生、自主创新。在这个问题上，我们一定要保持清醒。要继续深化科技体制改革，把人、财、物更多向科技创新一线倾斜，努力在关键共性技术、前沿引领技术、现代工程技术、颠覆性技术创新上取得更大突破，抢占科技创新制高点。高校是科技创新体系的重要组成部分，高校科研人员是我国科技创新的重要队伍。要加强学科之间的协同创新，加强对交叉学科群和科技攻关团队的支持，培养造就更多具有国际水平的科技人才和创新团队。

北京大学是马克思主义在中国传播的发源地，近年来成立了全国第一家马克思主义学院，并于 2018 年 1 月成立了习近平新时代中国特色社会主义思想研究院。习近平来到这里参观"北京大学与马克思主义主题展览"。习近平认真观看展览，深入了解学校开展马克思主义和新时代中国特色社会主义思想教学、研究情况。他强调，高校马克思主义学院就是要坚持"马院姓马，在马言马"的鲜明导向和办学原则，为巩固马克思主义在意识形态领域的指导地位，推动马克思主义进校园、进课堂、进学生头脑，发挥应有作用。

随后，习近平走进国际马克思主义文献中心，察看馆藏马克思主义典籍，询问"马藏工程"进展情况，称赞他们的工作非常有意义。阅览室里，一些中外学生正在就"解读新时代"进行座谈交流。习近平走到他们中间，认真倾听讨论，并同大家互动交流。总书记问大家为什么选择马克思主义专业、学习这个专业有什么体会，同学们兴奋地一一回答。同学们问总书记"您是一个坚定的马克思主义者，您学习马克思主义有什么好的方法"，总书记热情同大家分享了自己的学习经验。他对在场的外国留学生说，要了解中国，就要了解中国的历史、文化、人文思想和发展阶段，特别是要了解当代中国的马克思主义。

11 时许，习近平来到北京大学英杰交流中心，参加师生座谈会。北京大学党委书记郝平、哲学系教授王博、心理与认知科学学院本科四年级学生宋玺分别发言。习近平认真听取他们的发言，不时插话，现场气氛热烈。最后，习近平发表了重要讲话。在讲话中，他结合五四精神和新时代的中国梦阐述了当代青年的机遇与责任，接着对如何发展中国的高等教育和培养人才提出了具体的要求，最后提出了四点期望。

二、生逢其时,重任在肩

2018 年五四青年节来临之际,习近平总书记勉励青年学子坚定信仰、砥砺品德,珍惜时光、勤奋学习,努力成长为有理想、有本领、有担当的社会主义建设者和接班人,为中国建设、为实现中华民族伟大复兴中国梦贡献智慧和力量。广大青年要在国家、民族、人类未来的大视野中认真思考、积极实践,努力做一个对国家、对人民有贡献的人,在波澜壮阔的社会主义现代化建设征程中书写自己的人生篇章。

习近平总书记在座谈会中深情地说,从五四运动到中国特色社会主义进入新时代,中华民族迎来了从站起来、富起来到强起来的伟大飞跃。这在中华民族发展史上、在人类社会发展史上都是划时代的。

党的十九大报告中提出了我国发展的战略安排,这就是:到 2020 年全面建成小康社会,到 2035 年基本实现社会主义现代化,到本世纪中叶把我国建成富强民主文明和谐美丽的社会主义现代化强国。广大青年生逢其时,也重任在肩。中华民族伟大复兴,绝不是轻轻松松、敲锣打鼓就能实现的,我们必须准备付出更为艰巨、更为艰苦的努力。广大青年要成为实现中华民族伟大复兴的生力军,肩负起国家和民族的希望。

每一代青年都有自己的际遇和机缘。习近平总书记说,我记得 1981 年北大学子在燕园一起喊出“团结起来,振兴中华”的响亮口号,今天我们仍然要叫响这个口号,万众一心为实现中国梦而奋斗。广大青年既是追梦者,也是圆梦人。追梦需要激情和理想,圆梦需要奋斗和奉献。广大青年应该在奋斗中释放青春激情、追逐青春理想,以青春之我、奋斗之我,为民族复兴铺路架桥,为祖国建设添砖加瓦。

在习近平新时代中国特色社会主义思想指引下,中国开启了新征程,开始谱写新篇章,也给广大青年提供了施展抱负、竞展风采的广阔天地。青年是祖国建设的生力军,更应将建设祖国的重任挑在肩头,推动全面深化改革在新起点上实现新突破。

一要抓住人生出彩的机遇。今天,中国特色社会主义进入了新时代,我国发展正处于“两个一百年”奋斗目标的历史交汇期。未来的 30 年,正好覆盖广大青年学习工作的一生,这是当代青年最大的人生际遇。“改革开放只有进行时没有完成时”,这就要求青年一代在建设中国特色社会主义事业进程中,把个人追求与梦想融入党和人民的事业之中,把思想和行动统一到中央的决策部署上来,在习近平新时代中国特色社会主义思想指引下,充分发挥聪明才智和自身优势,抓住干事创业的机会，书写人生新的华章。

二要珍惜成就事业的舞台。波澜壮阔的社会主义现代化建设伟业，为青年人提供了展翅翱翔、扬帆远航的历史大舞台。“哪里需要，哪里就有舞台”，青年教师的舞台在三尺讲台，青年企业家的舞台在公司厂矿，青年科学家的舞台在实验室里，哪里能够展现青年人的风采，哪里就是青年人干事创业的舞台。青年人要把工作岗位当作人生道路拼搏进取的支点，努力在基层工作中显身手、比贡献、增才干。唯有珍惜岗位、脚踏实地，把工作当事业，才能取得人生的辉煌与成功。

三要经受困难风险的考验。习近平总书记说，“青年时期多经历一点摔打、挫折、考验，有利于走好一生的路”。新形势下党执政面临许多新的重大风险考验，改革路上不会只有鲜花与掌声。党和国家事业要改革，青年首先要有自我革命意识，要以良好的心态拥抱改革、支持改革、参与改革，不负时代，不负韶华。

三、三项基础性工作

大学是立德树人、培养人才的地方，是青年人学习知识、增长才干、放飞梦想的地方。习近平总书记在座谈会上就学校培养什么样的人、怎样培养人，和在座的师生谈了自己的看法，这就是要培养德智体美全面发展的社会主义建设者和接班人。

“国势之强由于人，人材之成出于学。”培养社会主义建设者和接班人，是我们党的教育方针，是我国各级各类学校的共同使命。大学对青年成长成才发挥着重要作用。高校只有抓住培养社会主义建设者和接班人这个根本才能办好，才能办出中国特色世界一流大学。为此，有三项基础性工作要抓好。

（一）牢牢把握高校意识形态领域正确的政治方向

坚定办学正确的政治方向。政治方向是指南针，是根本保证。能否办好大学，方向问题是第一位的。一是始终坚持社会主义办学方向不动摇的政治定位。以马克思主义为办学指导，以立德树人为政治根本任务，提高师生政治认同，增强师生“四个自信”。二是培养教师成为坚定的共产主义传播者。教师在传道授业解惑中要以自身正确的政治素养来引导、感染、鼓舞大学生，营造风清气正的校园政治生态环境。三是不断提高大学生思想水平、政治意识和文化素养，使他们成为政治上达标、思想上过硬的中国特色社会主义事业合格建设者和可靠接班人。同时，要严防西方敌对势力采取各种手段把资产阶级的政治观念和思想模式在大学生群体中的渗透。四是着力加强和完善高校各级思想政治工作队伍和基层组织建设，高标准严要求选好配强各级党政负责人；各级党组织要加强思想作风建设、廉洁勤政建设,增强凝聚力、号召力和感染力。

重视马克思主义理论教育与普及。习近平总书记强调,马克思主义是我国大学最鲜亮的底色。巩固马克思主义在意识形态领域的指导地位,必须充分发挥高校思想政治理论课的马克思主义理论学习主阵地作用,做到"守好一段渠""种好责任田",高校所用课程都要求在传授知识的同时全覆盖马克思主义理论教育,形成全方位普及模式。要以专门党政组织与学工部门为主力,各部门联动协同、同心齐力传播马克思主义理论;要提升党政组织、学生社团的马克思主义理论传播的实效性;要采取各种喜闻乐见、生动活泼的形式,使马克思主义理论更为通俗易懂、易于理解,提高大学生学习的兴趣度、积极性。

坚持不懈培育和弘扬社会主义核心价值观。社会主义核心价值观是高校立德树人的定盘星。因此,要明确高校培育和弘扬社会主义核心价值观的价值和目的,在社会主义核心价值观的深入学习涵养和潜移默化作用中,促进广大师生树立正确的世界观、人生观、价值观;运用好培育和弘扬社会主义核心价值观的途径和工具,把社会主义核心价值观培育融入教书育人全过程,课堂课外常抓不懈,做到真正入耳入脑入心;通过讲座、座谈、研讨会、调研等多种途径进行理论阐释与宣传,开展持续的社会主义核心价值观养成教育;利用新媒体时代的微博微信微文化等,占领网络宣传主阵地,消除网络空间意识形态教育遗漏地带。

(二) 加强培育高校高素质一流教师队伍

加强教师队伍师德师风建设。习近平总书记强调,评价教师队伍素质的第一标准应该是师德师风。良好的师德师风是打造一流师资队伍的内在要求及核心内容。第二,要树立教师正确的理想信念,用自己的学识、阅历、修养点燃学生真善美的信念,做学生健康成长的引路人;坚守职业道德,以身立教,提高育人能力。第二,高校要做好师德师风建设的思想、组织和舆论保障,树立师德先进典型,引导教师见贤思齐、崇德向善。第三,师德师风建设要不断创新,开发新方法、开拓新阵地、运用新技术,保持与时俱进的生命力;要着眼长远,持之以恒、常抓不懈,建立师德"红线",实行师德一票否决制;完善师德师风廉政工作机制、监督评价机制、考核奖惩机制。

加强教师成长的内外动力建设。从外部动力来说,高校是教师成长的园地、追求理想的基地,要尽量创造宽松愉快的工作环境、积极向上的科研教学氛围,增强教师的职业成就感、获得感、幸福感;培养教师创新能力,用人所长,使教师能不断追求进步,以个人发展推进高校的发展;注重发挥教师和衷共济参与学校事务的主动性积极性,增强主人翁责任感;注重提升教师教研水平能力、传承优秀文化魄力。从内部动力来说,教师自身也要积极进取,激发自我成长:注重发展现代教学能力,树立现代教学理念,改革教育教学方法,争当教学能手;注重发展科研创新能力,形成新颖独到的科研见解,在科研上能独当一面;保持终身学习能力,接纳新事物、学习新知识,不断提高学识素养。

完善教师队伍培育与评价制度。完善培育与评价制度是推进教师队伍建设的重要内容,是提高教师队伍整体素质的主要途径。一是建立教师队伍共同体培育机制:遵循教学与科研并重、德行与才能并重的原则,形成教师队伍"培养方阵",注重教师各年龄各层次的梯队建设,使各类人才"百花齐放""各放异彩"。二是建立教师"激励与劣汰并行"奖惩机制:结合我国高校定位,制定科学合理的教师薪酬激励和评价体系,加大奖罚力度,促进教师的自律自觉。三是完善教师队伍"靶向式"评价机制:依据定性与定量相结合原则制定教师评价体系,突出教学科研业绩,探索建立"代表性成果"学术评价标准,同时重视教师队伍服务社会考核,并制定相对合理的评价周期和考核指标,做到评价过程精准、评价结果精准。

(三)加快建设高校高水平人才培养体系

加强思想政治工作体系建设。思想政治工作体系是高校顺利进行知识教育的根本保证,是高校一项全员全程全方位育人铸魂工程。一要完善高校思想政治工作体系配置,配备强有力的思想政治工作队伍、配齐思想政治工作机构、建立思想政治工作管理制度,"步步紧扣""链接一体",既要做好"顶层设计"又要抓好基层建设。二要着力办好高校思想政治理论课,充分发挥其对大学生思想政治教育的主渠道作用。三要激发思想政治工作体系活力,形成以老带新、以新促创的思想政治教育崭新模式,结合新时期大学生思想特点和成长规律,改革思想政治工作的方式方法,提高思想政治工作的效果,让高校思想政治工作真正动起来、活起来、亮起来。

建设交叉学科群与科技攻关团队。高校大力发展交叉学科是取得创新成果和培养创新型人才的突破口,建设"双一流"大学必须打破各学科壁垒。一是组建"联网式"交叉学科群,推进各学科融合互补及综合,形成各领域之间的协同创新,学校也要从队伍建设、管理制度、运行平台、后勤保障等方面予以全面支持。二是建设强有力的科技攻关团队,积极部署、联合各学科优势人才,建立高科技攻坚克难集体,力争实现国际前沿性研究、引领性成果的重大突破。另外,培养高校科研人员能沉得下心、坐得住冷板凳的研究毅力,在科研上下得了苦功夫。三是培育完善科技成果转化体系,积极推动高水平科技成果转化为社会生产力。

培养高水平人才和创新团队。培养具有国际水平的高层次人才,构筑大师辈出的良好平台,是抓好大学建设基础性工作的重要环节。一是培养造就战略科技人才、科技领军人才及青年科技人才。一方面高校要积极引进高水平人才,另一方面尽量将人才从具体琐碎的非学术事务中解放出来,给予更多学术时间,提升人才的“研究产出率”。二是把创新团队建设作为高校发展战略的重点。创新团队打破科研人员以往孤军奋战难出成果的局面,集中智慧和力量,有效提高了创新效率和竞争实力。但目前高校创新团队建设依然存在一些队伍拼凑、学科交叉不足与缺失国际顶尖带头人的现象,因此,高校工作重心在于严把团队审核关、推进学科整合、培养领军人物、提供成长环境支持与人性化的激励机制,为培养高水平人才和创新团队提供支撑。

四、四点希望

当代青年是同新时代共同前进的一代。我们面临的新时代,既是近代以来中华民族发展的最好时代,也是实现中华民族伟大复兴的最关键时代。广大青年既拥有广阔发展空间,也承载着伟大时代使命。青年是国家的希望、民族的未来。习近平总书记对广大青年提出了几点希望。

一是要爱国,忠于祖国,忠于人民。爱国,是人世间最深层、最持久的情感,是一个人立德之源、立功之本。孙中山先生说,做人最大的事情,“就是要知道怎么样爱国”。我们常讲,做人要有气节、要有人格。气节也好,人格也好,爱国是第一位的。我们是中华儿女,要了解中华民族历史,秉承中华文化基因,有民族自豪感和文化自信心。要时时想到国家,处处想到人民,做到“利于国者爱之,害于国者恶之”。爱国,不能停留在口号上,而是要把自己的理想同祖国的前途、把自己的人生同民族的命运紧密联系在一起,扎根人民,奉献国家。

二是要励志,立鸿鹄志,做奋斗者。苏轼说:“古之立大事者,不惟有超世之才,亦必有坚忍不拔之志。”王守仁说:“志不立,天下无可成之事。”可见,立志对一个人的一生具有多么重要的意义。广大青年要培养奋斗精神,做到理想坚定,信念执着,不怕困难,勇于开拓,顽强拼搏,永不气馁。幸福都是奋斗出来的,奋斗本身就是一种幸福。1939年5月,毛泽东同志在延安庆贺模范青年大会上说:“中国的青年运动有很好的革命传统,这个传统就是‘永久奋斗’。我们共产党是继承这个传统的,现在传下来了,以后更要继续传下去。”为实现中华民族伟大复兴的中国梦而奋斗,是我们人生难得的际遇。每个青年都应该珍惜这个伟大时代,做新时代的奋斗者。

三是要求真,求真学问,练真本领。“玉不琢,不成器;人不学,不知道。”知识是每个人成才的基石,在学习阶段一定要把基石打深、打牢。学习就必须求真学问，求真理、悟道理、明事理，不能满足于碎片化的信息、快餐化的知识。要通过学习知识，掌握事物发展规律，通晓天下道理，丰富学识，增长见识。人的潜力是无限的，只有在不断学习、不断实践中才能充分发掘出来。建设社会主义现代化强国，发展是第一要务，创新是第一动力，人才是第一资源。希望广大青年珍惜大好学习时光，求真学问，练真本领，更好为国争光、为民造福。

四是要力行，知行合一，做实干家。“纸上得来终觉浅，绝知此事要躬行。”学到的东西，不能停留在书本上，不能只装在脑袋里，而应该落实到行动上，做到知行合一、以知促行、以行求知，正所谓“知者行之始，行者知之成”。每一项事业，不论大小，都是靠脚踏实地、一点一滴干出来的。“道虽迩，不行不至；事虽小，不为不成。”这是永恒的道理。做人做事，最怕的就是只说不做，眼高手低。不论学习还是工作，都要面向实际、深入实践，实践出真知；都要严谨务实，一分耕耘一分收获，苦干实干。广大青年要努力成为有理想、有学问、有才干的实干家，在新时代干出一番事业。

习近平总书记对广大青年提出的“爱国、励志、求真、力行”的“四点希望”，揭示了新时代青年成长成才的规律，是我国青年成长的行动指南。

(1)“四点希望”体现了新时代青年的教育目的。青年教育目的是青年教育培养规格和培养质量的总要求。中国特色社会主义进入新时代，培养什么人的问题，直接关系到中华民族伟大复兴的大业，关系到党和国家的未来和民族的希望。对这一问题必须有一个清醒的认识和毫不含糊的回答。习近平总书记在讲话中首先给出了明确的答案：我们的教育要培养德智体美全面发展的社会主义建设者和接班人。这是我们党长期坚持的教育方针，也是新时代青年教育培养的根本目的。

首先，“四点希望”充分体现了培养德智体美全面发展的人的基本要求。德的发展就是要培育一个人的道德品质、思想观念、政治态度，使青年能够从国家和人民的利益出发，正确处理好人与自然、人与社会的关系。习近平总书记要求青年一代要爱国，忠于祖国、忠于人民，要励志，立鸿鹄志，做奋斗者，正是对青年在德的发展方面的希望和要求。智的发展主要是青年智力的发展和对科学文化知识的学习与把握，以及与学习相关的非智力因素的教育培养。习近平总书记希望青年一代具有丰富的知识，求真，求真学问，练真本领，力行，知行合一，做实干家，寄托着对青年智的发展的厚望。体的发展和美的发展主要是青年体质、体力、意志力等方面的培养和发展以及对审美修养的要求。习近平总书记要求青年具有过硬的本领，练真本领，而本领的本身包含对青年体和美的发展要求。

其次,“四点希望”充分体现了培养社会主义建设者和接班人的要求。青年一代如何才能成为社会主义建设者和接班人?习近平总书记强调,中华民族的伟大复兴,绝不是轻轻松松、敲锣打鼓就能实现的,中国特色社会主义是干出来的。因此,他在讲话中号召青年要培养奋斗精神,永久奋斗,为实现中国梦而奋斗;要有严谨务实的作风,苦干实干,在新时代干出一番事业;要求青年一代在报效祖国、服务人民中书写人生篇章。这一切充分体现了习近平总书记对中国青年如何才能成为社会主义建设者和接班人的谆谆教诲。

(2)“四点希望”彰显了新时代青年素质和能力的要求。习近平总书记在讲话中殷切期望新时代青年以社会主义建设者和接班人的使命担当,成为实现中华民族伟大复兴的生力军,肩负起国家和民族的希望。要承担起这样的重任,努力练就人生和事业的基本功是关键。在全国高校思想政治工作会议上,习近平总书记语重心长地告诫青年,把远大抱负落实到实际行动中,树立梦想从学习开始、事业靠本领成就的观念。“四点希望”是对如何履行好新时代的历史使命,向青年提出的应有的素质和能力要求。

爱国是社会主义核心价值观对公民的规范,也是一个人立德之源、立功之本。希望青年爱国,忠于祖国、忠于人民,是对青年思想政治素质和道德品质的要求。习近平总书记指出,同人民一道拼搏,同祖国一道前进,服务人民,奉献祖国,是当代中国青年的正确方向。这些论述不仅是对青年一代思想品德素质提出的时代要求,也是对新时代爱国赋予的深刻内涵。

励志就是要唤醒一个人内在的创造力。志向是人生的航标。希望青年要励志,立鸿鹄志,做奋斗者,是对青年树立正确的世界观、人生观和价值观提出的素质要求。习近平总书记所强调的鸿鹄之志,就是要求青年把为实现中华民族伟大复兴的中国梦、做社会主义的建设者和接班人作为一个远大志向。有了远大志向,就有为之奋斗的精神,圆梦需要奋斗和奉献。因此,习近平总书记特别强调奋斗对人生励志的重要意义,奋斗的人生是幸福的,青春的价值就是要通过奋斗来实现。

求真就是要不断探究事物发展的客观规律,发现真理。希望青年要求真,求真学问,练真本领,这是对青年获取知识能力的素质要求。习近平总书记十分重视青年一代的学习,希望青年一代让勤奋学习成为青春飞扬的动力。2014 年在北京大学师生座谈会上,他对青年提出了掌握丰富知识的学习要求,这次讲话又再次教导青年一代不能满足于碎片化的信息、快餐化的知识,同时,在掌握丰富知识、打深打牢基石的基础上,要做到掌握和发现事物发展的内在规律,求真学问,求真理，悟道理，明事理，在不断学习、不断实践中善于创新。这些论断是习近平总书记对当代青年如何树立正确的学习观提出的新要求。

力行就是要躬行，做到知行合一，以知促行，以行求知。希望青年要力行，知行合一，做实干家，这是对青年培养务实精神和严谨作风的科学素养的要求。习近平总书记多次告诫青年要笃行，扎扎实实干事，踏踏实实做人。2013 年习近平总书记在同各界优秀青年代表座谈时，要求广大青年立足本职，埋头苦干，从自身做起，从点滴做起，用勤劳的双手、一流的业绩成就属于自己的人生精彩。在这次讲话中，他又进一步吩咐青年，每一项事业，不论大小，都要靠脚踏实地、一点一滴干出来；不论学习还是工作，都要面向实际，深入实践，实践出真知；都要严谨务实，一分耕耘一分收获。

(3)“四点希望”揭示了新时代青年的成才规律。习近平总书记在党的十九大报告中指出：“青年一代有理想、有本领、有担当，国家就有前途，民族就有希望。”在 2018 年五四青年节来临之际，他又勉励中国政法大学的团员青年，用一生来践行跟党走的理想追求，努力成长为有理想、有本领、有担当的社会主义建设者和接班人。可以说，有理想、有本领、有担当，是习近平总书记对新时代青年始终如一寄予的厚望。“四点希望”的逻辑起点就是有理想、有本领、有担当，指明了青年成才的路径。

有理想是青年成才的目标方位。习近平总书记高度重视理想信念在青年成长过程中的核心作用，认为理想指引人生方向，信念决定事业成败。把理想视为青年成才的精神之钙，要求站在理想信念的制高点上，做好青年引导工作。在这次讲话中，他要求广大青年励志，立鸿鹄志，希望青年做到理想坚定，信念执着，不怕困难，勇于开拓，顽强拼搏，永不气馁。同时还要把理想与祖国的前途和人民的命运相连，为了理想不懈追求。这些对当代青年在成才过程中如何为理想而奋斗指引了方向。

有本领是青年成才的基础条件。习近平总书记多次在各种场合给青年提出要求，希望青年一代让增长本领成为青春搏击的能量。2013 年在同青年代表座谈时要求，青年一定要练就过硬的本领，要牢记事业靠本领成就的观念；2014 年 12 月，对全国留学工作会议作出指示，希望广大留学人员坚定理想，增强本领，为祖国和人民贡献自己的智慧与力量；2016 年在安徽调研时，勉励大学生努力练好人生和事业的基本功，做“六好”大学生。在这次讲话中，习近平总书记再次要求青年一代要求真，求真学问，练真本领。之所以如此重视青年本领的培养，一方面是因为青年成才过程中实现自身价值的需要，另一方面是青年的素质和本领直接影响着实现中国梦的进程,练就过硬的本领,青年一代方能履行好肩负的历史使命。

有担当是青年成才的价值体现。习近平总书记要求青年履行起一代更比一代强的青春责任;要求青年一代忠于祖国,忠于人民,扎根人民,奉献国家,做爱国者;要求青年一代勇于开拓,不怕困难,顽强拼搏,做奋斗者;要求青年一代深入实际,严谨务实,脚踏实地,苦干实干,做实干家;要求青年一代承担起社会主义建设者和接班人的使命。这些要求充分寄托了习近平总书记对青年一代在为实现中国梦的接力奋斗中,切实履行好使命担当的厚望。

习近平总书记提出的"四点希望",既是对党的十九大报告中提出的青年有理想、有本领、有担当的精神实质的进一步深化,又具体而清晰地描绘了新时代青年成才的路径,揭示了青年成才规律,是当代青年成长成才的基本遵循,指明了新时代中国青年的前进方向。

知识链接

习近平勉励青年语录

1. 调心态

考上大学固然可喜,但没考上大学也不用悲观,更不能绝望。路就在脚下。

——《之江新语》之《路就在脚下》一文(2003 年 7 月 11 日)

一个人能否成才,关键不在于是否上大学,而在于他的实际本领。社会本身就是一个大学校,留心处处皆学问。只要你肯学习、能吃苦,没有读过大学,照样能成才。

——《之江新语》之《路就在脚下》一文(2003 年 7 月 11 日)

一定要从社会、学校和家长等多方入手,千方百计把孩子从分数中解放出来。要让他们明白,人生道路千万条,各行各业都能成才。只要矢志追求、努力拼搏,照样可以实现人生抱负和目标。

——《之江新语》之《路就在脚下》一文(2003 年 7 月 11 日)

2. 树理想

只有把人生理想融入国家和民族的事业中,才能最终成就一番事业。

——2013 年 5 月 2 日,习近平给北京大学考古文博学院 2009 级本科团支部全体同学回信

理想指引人生方向,信念决定事业成败。没有理想信念,就会导致精神上"缺钙"。

——2013 年 5 月 4 日,习近平同各界优秀青年代表座谈时的讲话

有信念、有梦想、有奋斗、有奉献的人生，才是有意义的人生。当代青年建功立业的舞台空前广阔、梦想成真的前景空前光明，希望大家努力在实现中国梦的伟大实践中创造自己的精彩人生。

——2014年5月4日，习近平在北京大学师生座谈会上的讲话

3. 能吃苦

蓝图不可能一蹴而就，梦想不可能一夜成真。人间万事出艰辛。越是美好的未来，越需要我们付出艰辛努力。

——2013年4月28日，习近平在同全国劳动模范代表座谈时的讲话

无数人生成功的事实表明，青年时代，选择吃苦也就选择了收获，选择奉献也就选择了高尚。青年时期多经历一点摔打、挫折、考验，有利于走好一生的路。

——2013年5月4日，习近平同各界优秀青年代表座谈时的讲话

成功的背后，永远是艰辛努力。青年要把艰苦环境作为磨炼自己的机遇，把小事当作大事干，一步一个脚印往前走。滴水可以穿石。只要坚韧不拔、百折不挠，成功就一定在前方等你。

——2014年5月4日，习近平在北京大学师生座谈会上的讲话

4. 勤学习

学习是立身做人的永恒主题，也是报国为民的重要基础。梦想从学习开始，事业从实践起步。当今世界，知识信息快速更新，学习稍有懈怠，就会落伍。有人说，每个人的世界都是一个圆，学习是半径，半径越大，拥有的世界就越广阔。

——2013年10月21日，习近平在欧美同学会成立100周年庆祝大会上的讲话

勤学，下得苦功夫，求得真学问。知识是树立核心价值观的重要基础。人生只有一次，应该好好珍惜。为学之要贵在勤奋、贵在钻研、贵在有恒。

——2014年5月4日，习近平在北京大学师生座谈会上的讲话

广大青年要保持初生牛犊不怕虎的劲头，不懂就学，不会就练，没有条件就努力创造条件。

——2016年4月26日，习近平在知识分子、劳动模范、青年代表座谈会上的讲话

5. 走好路

当代中国青年要在感悟时代、紧跟时代中珍惜韶华，自觉按照党和人民的要求锤炼自己、提高自己，做到志存高远、德才并重、情理兼修、勇于开拓，在火热的青春中放飞人生梦想，在拼搏的青春中成就事业华章。

——2015 年 7 月 24 日，习近平致全国青联十二届全委会和全国学联二十六大的贺信

青年的人生之路很长，前进途中，有平川也有高山，有缓流也有险滩，有丽日也有风雨，有喜悦也有哀伤。心中有阳光，脚下有力量，为了理想能坚持、不懈怠，才能创造无愧于时代的人生。

——2016 年 4 月 26 日，习近平在知识分子、劳动模范、青年代表座谈会上的讲话

广大青年应该在奋斗中释放青春激情、追逐青春理想，以青春之我、奋斗之我，为民族复兴铺路架桥，为祖国建设添砖加瓦。

——2018 年 5 月 2 日，习近平在北京大学师生座谈会上的讲话

当代青年是同新时代共同前进的一代。我们面临的新时代，既是近代以来中华民族发展的最好时代，也是实现中华民族伟大复兴的最关键时代。广大青年既拥有广阔发展空间，也承载着伟大时代使命。

——2018 年 5 月 2 日，习近平在北京大学师生座谈会上的讲话

思考问题

1. 新时代的历史使命和当代青年的责任是什么？

2. 高校如何培养人，培养什么样的人？

3. 习近平对当代青年提出的四点希望是什么？

参考文献

1. 习近平谈治国理政：第一卷[M]. 北京：外文出版社，2018.

2. 中央党校采访实录编辑室. 习近平的七年知青岁月[M]. 北京：中央党校出版社，2017.

3. 习近平新时代中国特色社会主义思想三十讲[M]. 北京：学习出版社，2018.

4. 习近平总书记系列重要讲话读本[M]. 北京：人民出版社，2014.

专题十三

学习习近平纪念马克思诞辰200周年大会讲话精神

2018年5月5日，是马克思诞辰200周年纪念日，纪念大会于5月4日上午10时在人民大会堂举行。中共中央总书记、国家主席、中央军委主席习近平出席大会并发表重要讲话。习近平总书记深情缅怀马克思伟大光辉的一生，深刻阐释马克思主义的科学体系、丰富内涵及其对人类社会发展的巨大作用，总结我们党带领人民创造性推进马克思主义中国化的壮阔历程和丰硕成果，提出了新时代继续推进马克思主义中国化的要求。习近平总书记的重要讲话，高屋建瓴，视野宏大，思想深刻，内容丰富，是一篇光辉的马克思主义纲领性文献，鼓舞着新时代的中国共产党人学精悟透用好马克思主义看家本领、更好担负民族复兴历史使命。

一、新时代高度重视马克思主义的原因

马克思是全世界无产阶级和劳动人民的革命导师，是马克思主义的主要创始人，是马克思主义政党的缔造者和国际共产主义的开创者，是近代以来最伟大的思想家。一个多世纪以来几经风云变幻，马克思主义迄今依然具有蓬勃生命力。纪念马克思诞辰200周年，不仅要研究马克思的思想、马克思主义及其中国化的理论，而且要透过马克思的生平，从中学习与感悟马克思的光辉人格和崇高境界，不断汲取强大的精神力量。习近平总书记在纪念马克思诞辰200周年大会上发表的重要讲话，对为什么要高度重视马克思主义作了阐述。这对于我们真正把马克思主义这个看家本领学精悟透用好，念好马克思主义这个共产党人的"真经"，具有重要指导意义。

（一）马克思的一生充满了强大的精神力量

（1）震撼人心的人格魅力。马克思的一生是胸怀崇高理想、为人类解放不懈奋斗的一生；是不畏艰难险阻、为追求真理而勇攀思想高峰的一生；是为推翻旧世界、建立新世界而不息奋斗的一生。马克思在中学毕业时写道："如果我们选择了最能为人类而工作的职业，那么，重担就不能把我们压倒，因为这是为大家作出的牺牲；那时我们所享受的就不是可怜的、有限的、自私的乐趣，我们的幸福将属于

千百万人,我们的事业将悄然无声地存在下去,但是它会永远发挥作用,而面对我们的骨灰,高尚的人们将洒下热泪。”马克思的崇高精神,主要不在于这段感人抒怀,而在于用一生的精力和才华来证明和坚守这种献身精神,这就是马克思的人格魅力。马克思的崇高追求,启发我们更好地理解和把握马克思主义的鲜明品格,始终把人民立场作为根本立场,不忘初心,继续前进。

(2) 卓越超群的奋斗毅力。马克思在理论上经历了一个由哲学研究转向政治经济学和科学社会主义研究的过程,一生完成了唯物史观和剩余价值学说这两大理论发现,揭示了人类社会的发展规律,揭示了资本主义的剥削秘密。马克思是思想家,更是革命家、战斗家。他研究利润、资本和财富,却没有用于自己赚取利润、增值资本、积累财富,还不时需要恩格斯的接济才能维系生活;他在理论上有很多论辩对手,各国反动政府、封建势力、资产阶级、小资产阶级都与马克思为敌,马克思自嘲是“无国籍的世界公民”。在这样异常艰苦的环境中,马克思仍然深入工人群众之中进行革命宣传和斗争指导。我们学习马克思,就是要全面掌握辩证唯物主义和历史唯物主义的世界观和方法论,坚守共产党人的理想信念,像马克思那样,为共产主义奋斗终身。

(3) 直面现实的创造活力。马克思生活在资本主义自由竞争时代,资本主义生产关系及其剥削方式以及与之相应的人与人之间的异化现象是马克思时代的特征。马克思一生关注人类世界、人的生存、人的发展、人的价值,对资本主义社会中人异化的生存状况给予深刻批判,对人的全面发展和全人类解放进行了深刻思考和科学阐释。但是,马克思没有抽象地谈论人,他把研究的出发点定位为“从事实际活动的人”,从而形成“关于现实的人及其历史发展的科学”,把“解释世界”的旧哲学变革为“改变世界”的新哲学。马克思主义用现实活化了理论,用理论照亮了现实,为人类争取和实现自身的解放和全面发展提供了最为坚实的理论支撑。

(二) 马克思主义的命运与中国共产党、中国人民和中华民族的命运具有逻辑相关性,马克思主义在中国产生了广泛而深远的影响

习近平总书记通过阐述马克思主义中国化三次伟大创新与实现中华民族三次伟大飞跃强调,马克思主义的命运早已同中国共产党的命运、中国人民的命运、中华民族的命运紧紧连在一起。

(1) 马克思主义传入古老文明的中国,给中国社会带来翻天覆地的变化。“十月革命一声炮响,给我们送来了马克思列宁主义。”十月革命爆发后,中国先进知识分子从马克思列宁主义的科学真理中看到了解决中国问题的出路。先进的中

国人接受马克思主义，以此指导中国革命，取得了民主革命、社会主义革命和建设的伟大胜利。西方无产阶级先进的思想，在东方文明古国生根、开花，结出硕果，这在人类发展历史上有着不可估量的意义。没有十月革命，就没有马克思列宁主义在中国的广泛传播；而没有马克思列宁主义在中国的广泛传播，也就不可能在1921年成立中国共产党。

（2）由于中国共产党人选择了马克思主义，所以，中国共产党和中华民族才逐渐强大起来，中国人民才不断获得幸福。十月革命对中国革命具有重大影响，但中国革命并不是十月革命的翻版。中国共产党在领导中国革命、建设、改革的长期实践中，把马克思列宁主义基本原理同中国具体实际和时代特征相结合，不断推进马克思主义中国化，实现了历史性飞跃。马克思主义为中国革命、建设、改革提供了强大思想武器，使中国这个古老的东方大国创造了人类历史上前所未有的发展奇迹，也指引着中国成功走上了全面建设社会主义现代化强国的康庄大道；也正是中国共产党和中华民族的逐渐强大，中国人民不断取得幸福，才使马克思主义在中国焕发出强大的生机活力。这就是习近平总书记所强调的，"只有社会主义才能救中国"，"只有中国特色社会主义才能发展中国"，"只有坚持和发展中国特色社会主义才能实现中华民族伟大复兴"。究其根本原因，就在于马克思主义归根结底是为人类求解放的理论。迄今为止，在世界上还没有哪一种理论能达到马克思主义理论的高度，也没有哪一种理论能像马克思主义理论那样对整个世界产生巨大而深刻的影响，并极大地推进了人类文明发展进程。马克思主义站在了真理和道义的制高点上，中国共产党、中国人民、中华民族需要马克思主义。

二、马克思主义的科学内涵

马克思主义是马克思给我们留下的最有价值、最具影响力的精神财富，它创造性地揭示了人类社会发展规律，第一次创立了人民实现自身解放的思想体系，为人民认识世界、改造世界提供了强大精神力量。对马克思主义的科学内涵及其核心要义，有一个随着历史发展不断深化认识的问题。习近平总书记在纪念马克思诞辰200周年大会上发表的重要讲话，站在不断从马克思主义汲取科学智慧和理论力量的高度，阐述了马克思主义的本质内容。

（一）从它的创立者、继承者看，马克思主义是由马克思、恩格斯创立的，由其后各个时代、各个民族的马克思主义者不断丰富和发展的观点和学说体系

从阶级属性看，马克思主义是无产阶级争取自身解放和整个人类解放的科学

理论，是关于无产阶级斗争的性质、目的和解放条件的学说。从它的研究对象和主要内容看，马克思主义是无产阶级的科学世界观和方法论，是关于自然、社会和思维发展的普遍规律的学说，是关于资本主义发展和转变为社会主义，以及社会主义和共产主义发展的普遍规律的学说。从狭义上说，马克思主义是马克思、恩格斯创立的基本理论、基本观点和学说的体系。从广义上来看，马克思主义不仅指马克思、恩格斯创立的基本理论、基本观点和学说的体系，而且还包括继承者对它的发展，也就是在实践中不断发展着的马克思主义。在马克思、恩格斯之后，有列宁和斯大林，有中国共产党人，有全世界的共产党人和马克思主义者，他们在领导革命、建设和改革的实践中不断地开辟马克思主义的新境界，把马克思主义推向前进。作为中国共产党和中国社会主义事业指导思想的马克思主义，是从广义上理解的马克思主义。也就是说，我们今天所说的马克思主义既包括由马克思、恩格斯创立的马克思主义，也包括列宁主义，还包括毛泽东思想和中国特色社会主义理论体系。

（二）马克思主义是一个完备而严整的科学理论体系，构成这个理论体系的主体部分是马克思主义哲学、马克思主义政治经济学和科学社会主义

除了这三个主体部分之外，马克思主义政治学、历史学、军事学、法学等也是马克思主义理论体系的重要组成部分。

马克思主义哲学即辩证唯物主义和历史唯物主义，是关于自然、社会和人类思维发展的一般规律的学说，是无产阶级的科学的世界观和方法论，是马克思主义全部学说的“理论基础”。

马克思主义政治经济学是关于经济运动一般规律的科学，它运用辩证唯物主义和历史唯物主义研究人类社会生产关系发展的规律，发现了资本家剥削工人的秘密，揭示了剩余价值规律是资本主义的基本经济规律；论证了各种社会经济形态，特别是资本主义生产方式产生、发展和转变为社会主义的客观必然性；阐明了无产阶级的历史地位和历史使命，找到了实现社会变革的伟大力量。马克思主义政治经济学是马克思主义理论最深刻、最全面、最详细的证明和运用，是马克思主义的“主要内容”。

科学社会主义是关于人类解放运动的一般规律的科学，它以马克思主义哲学和政治经济学为理论依据，论证了无产阶级解放斗争的性质、条件和一般目的。所谓无产阶级解放斗争的性质，是指科学社会主义是研究无产阶级的解放运动，而不是研究其他阶级的运动。无产阶级的解放运动是为大多数人谋利益的运动，是消灭资本主义和建设社会主义与共产主义的运动，这是无产阶级根本利益的体

现。所谓无产阶级解放斗争的条件，主要包括要有高度的社会生产力的发展，要使全世界无产者联合起来，建立共产党的领导，制定正确的战略策略；在资本主义制度下，为了推翻资产阶级的统治，进行夺取政权的斗争；无产阶级夺取政权后，实行生产资料公有制，大力发展生产力，逐步消灭以致最后彻底消灭一切阶级。所谓无产阶级解放斗争的一般目的，是指建立社会主义和共产主义的社会制度。科学社会主义是马克思主义理论体系的“核心”，是马克思主义哲学、政治经济学的归宿和落脚点。

马克思主义理论体系的这三个主要组成部分，尽管它们各自有着相对独立的研究对象或任务，但从整体上看，它们都是为无产阶级的解放斗争提供思想武器的，是一个有机联系的统一整体。它们之间是相互依存、相互渗透、相互论证的，它们内在的高度的统一性，充分表明马克思主义是彻底严整的科学理论体系。

（三）要学习和掌握马克思主义的思想精髓

一是学习和实践马克思主义关于人类社会发展规律的思想、坚守人民立场的思想、生产力和生产关系的思想、人民民主的思想、文化建设的思想、社会建设的思想、人与自然关系的思想、世界历史的思想、马克思主义政党建设的思想，这些都是最有价值的科学理论。二是坚持和运用马克思主义的实践观、群众观、阶级观、发展观、矛盾观。三是揭示了马克思主义的精神实质。习近平总书记指出，“马克思主义博大精深，归根到底就是一句话，为人类求解放”，并对此从创立、形成、发展三方面作了阐释：“马克思主义不是书斋里的学问，而是为了改变人民历史命运而创立的，是在人民求解放的实践中形成的，也是在人民求解放的实践中丰富和发展的，为人民认识世界、改造世界提供了强大精神力量。”四是揭示了马克思主义的本质。习近平总书记强调，马克思主义是科学的理论，创造性地揭示了人类社会发展规律；马克思主义是人民的理论，第一次创立了人民实现自身解放的思想体系；马克思主义是实践的理论，指引着人民改造世界的行动；马克思主义是不断发展的开放的理论，始终站在时代前沿。理解起来，这实际上讲的是马克思主义的本质、性质及其理论品格问题，即马克思主义具有科学性、人民性、实践性、开放性。这就是能从马克思主义那里找到“真经”的道理所在。其中，习近平总书记特别强调马克思主义的人民性，并用“三个根本”给出了当代阐释：“我们要始终把人民立场作为根本立场，把为人民谋幸福作为根本使命，坚持全心全意为人民服务的根本宗旨。”

三、正确对待和运用马克思主义

20世纪初马克思主义开始在中国大地上传播,先进的青年知识分子通过《共产党宣言》看到了中国未来的出路,经过一个世纪的洗礼,中国发生了天翻地覆的变化,正走在繁荣富强的道路上。学习马克思主义的目的在于实践和运用,运用马克思主义,有一个对待马克思主义的态度问题。面对更加复杂多变的世界环境,我们应以正确的态度来对待和运用马克思主义。

(一)深化对马克思主义强大生命力的认识。

新时代坚持和发展马克思主义,就要深入把握马克思主义的理论体系和精神实质,深刻理解马克思主义的科学真理性和强大生命力。马克思主义既是那个时代精神的精华,又是整个人类精神的精华,它犹如壮丽的日出,照亮了人类探索历史规律和寻求自身解放的道路,极大地推进了人类文明进程,至今依然是具有重大国际影响的思想体系和话语体系。马克思主义是科学的理论,创造性地揭示了人类社会发展规律;是人民的理论,第一次创立了人民实现自身解放的思想体系;是实践的理论,指引着人民改造世界的行动;是不断发展的开放的理论,始终站在时代前沿。

马克思主义理论体系和知识体系博大精深,涉及自然界、人类社会、人类思维各个领域,涉及历史、经济、政治、文化、社会、生态、科技、军事、党建等各个方面。在人类思想史上,就科学性、真理性、影响力、传播面而言,没有一种思想理论能达到马克思主义的高度,也没有一种学说能像马克思主义那样对世界产生了如此巨大的影响。无论时代如何变迁、科学如何进步,马克思主义依然显示出科学思想的伟力,依然占据着真理和道义的制高点。马克思主义是我们共产党人的"真经",是我们党和人民事业不断发展的参天大树之根本,是我们党和人民不断奋进的万里长河之泉源。在纪念马克思诞辰200周年大会上的重要讲话中,习近平总书记再次强调:"马克思主义始终是我们党和国家的指导思想,是我们认识世界、把握规律、追求真理、改造世界的强大思想武器。"

马克思主义是推动社会进步、实现人类解放最锐利的思想武器。中国社会发展离不开马克思主义的指导,人类社会前进离不开马克思主义指引的方向。它不仅在历史上深刻改变了世界、深刻改变了中国,而且在今天、在未来还将不断改变世界、改变中国。我们要深刻把握马克思主义的真谛,领悟马克思主义的魅力,深化对马克思主义真理性和生命力的认识,继续高扬马克思主义旗帜,让马克思、恩格斯设想的人类社会美好前景不断在中国大地上生动展现出来。

（二）坚持马克思主义在意识形态领域的指导地位

国内外各种敌对势力总是企图让我们党改旗易帜、改名换姓，其要害就是企图让我们丢掉对马克思主义的信仰，丢掉对社会主义、共产主义的信念。在意识形态领域斗争中，我们没有任何妥协、退让的余地，必须取得全胜。要坚持马克思主义在意识形态领域的指导地位，不断增强意识形态领域主导权和话语权。坚持以马克思主义为指导首先要解决真懂真信的问题。对待马克思主义，我们不能采取教条主义的态度，也不能采取实用主义的态度，坚持问题导向是马克思主义的鲜明特点。我们干事业不能忘本忘祖、忘记初心，我们共产党人的本，就是对马克思主义的信仰，对中国特色社会主义和共产主义的信念，对党和人民的忠诚。

（三）深刻理解马克思主义的理论品质

马克思主义是在实践中不断丰富和发展的科学。这也正是这一科学理论永葆青春、具有旺盛生命力的根本原因所在。马克思主义的经典作家从来都是着眼于实际，着眼于历史条件的变化，而不以教条主义的态度对待自己创立的理论。马克思、恩格斯对待《共产党宣言》的态度就很能说明问题。在这一光辉著作公开发表25年的时候，他们谈到《共产党宣言》时，一方面肯定“《宣言》所阐述的一般原理整个说来直到现在还是完全正确的”，同时又指出，当年“提出的那些革命措施根本没有特别的意义”，“这个纲领现在有些地方已经过时了”，“对于社会主义文献所作的批判在今天看来是不完全的”，有些论述“虽然在原则上今天还是正确的，但是就其实际运用来说今天毕竟已经过时”。所以“马克思的思想理论源于那个时代又超越了那个时代，既是那个时代精神的精华又是整个人类精神的精华。”习近平总书记在纪念马克思诞辰200周年大会上的重要讲话中，深刻阐明马克思主义的真理性、人民性、实践性、开放性，为我们深刻领会马克思主义的丰富内涵和精髓要义提供了科学指南。

（四）始终坚持马克思主义基本立场观点方法

以科学的态度对待马克思主义，既把马克思主义看作科学的世界观和方法论，又注重把马克思主义与中国具体实际相结合，运用马克思主义的科学世界观和方法论来分析和解决实际问题。习近平总书记在纪念马克思诞辰200周年大会上强调指出：“对待科学的理论必须有科学的态度。”他引用恩格斯的话说：“马克思的整个世界观不是教义，而是方法。它提供的不是现成的教条，而是进一步研究的出发点和供这种研究使用的方法。”以科学的态度对待马克思主义，既要把马克思主义看作科学的世界观和方法论，又要注重把马克思主义与中国具体实际相结合。因此,我们要坚持和运用辩证唯物主义和历史唯物主义的世界观和方法论,坚持和运用马克思主义立场、观点、方法,更好地把科学理论转化为认识世界、改造世界的强大力量。不当教条当方法,注重马克思主义基本原理与中国具体实际相结合,运用马克思主义的立场观点方法分析和解决问题,是科学对待和运用马克思主义的基本态度。

习近平总书记以对待科学社会主义为例来加以说明:"科学社会主义基本原则不能丢,丢了就不是社会主义。同时,科学社会主义也绝不是一成不变的教条。""社会主义并没有定于一尊、一成不变的套路,只有把科学社会主义基本原则同本国具体实际、历史文化传统、时代要求紧密结合起来,在实践中不断探索总结,才能把蓝图变为美好现实。"

四、坚持和发展马克思主义

什么是马克思主义、怎样坚持和发展马克思主义,在当代中国和当今世界仍是一个十分重要的课题。习近平从党的十八大以来在各种场合至少有30多次强调要坚持和发展马克思主义,要坚定社会主义和共产主义的理想信念。在纪念马克思诞辰200周年大会上的重要讲话中,他科学回答了新时代如何坚持和发展马克思主义的问题,是新时代坚持和发展马克思主义的思想指引和行动指南。

(一)新时代马克思主义仍然是我们立党立国的根本指导思想

理论上清醒,政治上才能坚定,坚定的理想信念,必须建立在对马克思主义的深刻理解之上,建立在对历史规律的深刻把握之上,要通过学习掌握马克思主义立场、观点、方法,提高战略思维能力、综合决策能力、驾驭全局能力,做到知行合一,增强工作的科学性、预见性、主动性。马克思主义始终是我们党和国家的指导思想,是我们认识世界、把握规律、追求真理、改造世界的强大思想武器。中华民族要实现伟大复兴,一刻不能没有理论思维。对于站在新的历史起点上的中国,特别需要理论支持和思想支撑。因而,我们一定要认真深入细致地去研究当代中国发展的现实逻辑与中国问题,不断开辟当代中国马克思主义、21世纪马克思主义新境界。"马克思学说具有无限力量,就是因为它正确。"马克思之所以成为"千年第一思想家",在于他兼收并蓄、批判继承,以辩证唯物主义和历史唯物主义的世界观和方法论,创造性地揭示人类社会发展规律,准确把握历史运动的本质和时代发展的方向,为我们认识世界、把握规律、追求真理、改造世界提供了强大思想武器。过去,马克思主义在社会实践中对人类历史产生了广泛而深刻的影响,极大地推进了人类文明进程。今天,马克思主义不仅没有过时,而且在当今世界百年未有之大变局中愈发显示出蓬勃旺盛的生命力，展现着越来越强大的真理力量。

（二）新时代需要不断开辟马克思主义发展新境界

新时代坚持和发展马克思主义，就要反映时代精神、回答时代课题、引领时代潮流、推动时代发展，结合新的实践不断推动马克思主义理论的丰富和发展。马克思主义之所以具有科学真理性和强大生命力，关键在于它具有理论与实践相结合而不断与时俱进的理论品质，它总能随着实践的发展和时代的变化而创新发展。正如习近平总书记所指出的，一部马克思主义发展史就是马克思、恩格斯以及他们的后继者们不断根据时代、实践、认识发展而发展的历史，是不断吸收人类历史上一切优秀思想文化成果丰富自己的历史。马克思主义不是教条，不是一个僵死、封闭的体系，而是行动指南，是在实践基础上不断生长着的活的理论。

中国共产党人把马克思主义基本原理同中国具体实际相结合，同中国的实践、中国的历史传统、中国的民族文化相结合，不断推进马克思主义中国化时代化。正是在马克思主义与中国革命、建设和改革具体实际相结合的过程中，中华民族迎来了从站起来、富起来到强起来的伟大飞跃。没有马克思主义，没有马克思主义中国化时代化，中国这个古老的东方大国就不可能创造人类历史上的发展奇迹。

当前，我们要坚持用马克思主义观察时代、解读时代、引领时代，不断赋予马克思主义以新的时代内涵，从鲜活丰富的当代中国实际出发作出新概括、获得新认识、形成新成果；坚持问题导向，以我们正在做的事情为中心，关注和回答时代提出的重大课题，为解决新时代面临的重大问题提供新理念、新思路、新办法；以宽广视野吸收人类创造的一切优秀文明成果，密切关注和研究国外马克思主义研究新成果，坚持在改革中守正出新、不断超越自己，在开放中博采众长、不断完善自己；持续深化对共产党执政规律、社会主义建设规律、人类社会发展规律的认识，发展当代中国马克思主义、21世纪马克思主义，谱写新时代中国特色社会主义新篇章。

（三）新时代学以致用，知行合一，把马克思主义这个看家本领学精悟透用好

马克思主义思想理论博大精深、常学常新。新时代坚持和发展马克思主义，就要学精悟透用好马克思主义。习近平总书记在讲话中阐明了学什么、如何学的问题，为我们坚持和发展马克思主义提供了科学方法论。特别是针对马克思主义

所阐述的一般原理提出了“四个坚持和运用”,针对学习和实践马克思主义提出了“九个学习和实践”,为我们提供了基本遵循。

学什么？要学习马克思列宁主义,学习毛泽东思想、邓小平理论、“三个代表”重要思想、科学发展观,学习习近平新时代中国特色社会主义思想。马克思主义各理论形态既一脉相承又创新发展。学习马克思主义不是仅仅学习马克思的思想,而必须整体性地学习、历史性地学习。立足新时代中国特色社会主义实践,要更加突出地学习习近平新时代中国特色社会主义思想。这一思想是马克思主义中国化最新成果,是当代中国马克思主义、21 世纪马克思主义,应当成为学习和研究马克思主义的重中之重。

如何学？要自觉学、深入学、持久学、刻苦学,这是学习马克思主义必须具有的精神状态。习近平总书记指出,共产党人要把读马克思主义经典、悟马克思主义原理当作一种生活习惯、当作一种精神追求,用经典涵养正气、淬炼思想、升华境界、指导实践。读经典、学原文、悟原理,这是基本功,必须持之以恒。特别要强调,学习马克思主义要带着问题学、联系实际学,不是为了学而学,而是为了学以致用,把科学思想理论转化为认识世界、改造世界的强大力量。

(四)新时代守正创新,为发展马克思主义贡献力量

在中国特色社会主义新时代,深入学习研究宣传马克思主义,一要把马克思主义主旋律唱得更响亮,把加强马克思主义学习研究宣传作为重要职责,把建好马克思主义学院、建设世界一流的马克思主义理论学科作为重大政治任务;二要坚持马克思主义在哲学社会科学领域的指导地位,整合马克思主义哲学、政治经济学、科学社会主义等学科力量,强化马克思主义理论对整个哲学社会科学学科体系的引领和辐射;三要抓好马克思主义理论教育,深化学生对马克思主义科学真理性、理论意义和现实意义的认识,让学生学会运用马克思主义立场观点方法观察世界、分析世界,深入把握世界发展走向,深刻感悟马克思主义真理力量,为培养德智体美全面发展的社会主义建设者和接班人打下科学思想基础。

真理的光芒穿越时空,伟大的事业薪火相传。理论的生命力在于不断创新,推动马克思主义不断发展是中国共产党人的神圣职责。共产党人“姓马”,要把读马克思主义经典、悟马克思主义原理当作一种生活习惯、当作一种精神追求,坚持用马克思主义观察时代、解读时代、引领时代,真正把马克思主义这个看家本领学精悟透用好。

时代是思想之母,实践是理论之源。进入新时代,实现中国梦,必须以马克思主义中国化最新成果——习近平新时代中国特色社会主义思想为指导,紧紧围绕

“五位一体”总体布局和“四个全面”战略布局，为实现“两个一百年”奋斗目标不懈努力，这是对马克思最好的纪念。同时，发扬与时俱进的理论品格，以习近平新时代中国特色社会主义思想指导推进中国特色社会主义伟大事业，我们就一定能续写马克思主义中国化新篇章，让马克思主义放射出更加灿烂的真理光芒。

思考问题

1. 如何理解新时代我们党高度重视马克思主义指导思想的伟大意义？
2. 如何认识新时代条件下马克思主义的本质内涵？
3. 谈谈新时代如何坚持和发展马克思主义？

参考文献

1. 新时代坚持和发展马克思主义的旗帜[N]. 人民日报，2018-06-27.
2. 马克思的学说依然闪烁着耀眼的真理光芒——一论习近平总书记纪念马克思诞辰200周年大会讲话[N]. 人民日报，2018-05-05.

后　记

本教程是枣庄学院马克思主义学院全体教师分工合作、共同努力的成果。编写本教程旨在深入学习贯彻党的十九大精神和习近平新时代中国特色社会主义思想，第一时间推动党的理论创新最新成果进教材、进课堂、进学生头脑。根据《教育部关于加强新时代高校"形势与政策"课建设的若干意见》，本学期"形势与政策"课主要讲授全面从严治党、经济社会发展、港澳台工作、国际形势与政策以及习近平总书记考察北京大学和纪念马克思诞辰200周年大会讲话精神等专题。通过以上专题的教学和学习，希望大学生牢固树立"四个意识"，增强"四个自信"，在政治立场、政治方向、政治原则、政治道路上同以习近平同志为核心的党中央保持高度一致，努力成为德智体美全面发展的社会主义建设者和接班人。

本教程共13个专题，其中专题一"把党的政治建设作为党的根本性建设"由隋月英同志编写；专题二"宪法要以中国特色社会主义建设实践为基础与时俱进"由陈炜晗同志编写；专题三"党和国家机构改革的目标和任务"由孙佩锋同志编写；专题四"深化国家监察体制改革　健全党和国家监督体系"由刘新全同志编写；专题五"习近平新时代中国特色社会主义经济思想"由王卫婷同志编写；专题六"打好决胜全面建成小康社会三大攻坚战"由李长虹同志编写；专题七"新时代中国乡村振兴战略"由王皓同志编写；专题八"坚决维护国家主权和领土完整"由宋丽慧同志编写；专题九"新时代我国构建新型国际关系的意义及面临的挑战"由李东清同志编写；专题十"贡献全球治理新方案　构建人类命运共同体"由庄金秋同志编写；专题十一"新时代中国特色大国外交思想"由屈会涛同志编写；专题十二"以奋斗之我圆梦青春中国"由赵建新同志编写；专题十三"学习习近平纪念马克思诞辰200周年大会讲话精神"由孔亭同志编写。全书由隋月英同志负责规划，提出全书撰写提纲，并负责统稿、定稿。

在教材编写过程中，曹胜强同志、李东同志、曾宪明同志、明清河同志、李目海同志、韩素玲同志、李丽清同志给予了精心指导与大力支持，提出了具体指导意见；张昌林同志、安涛同志、王大鹏同志等给予了大力帮助；中国矿业大学出版社对本书的出版给予了支持和帮助，在此一并表示感谢。

图书在版编目(C I P)数据

形势与政策专题教程. 2018 下 / 隋月英，孔亭主编.—徐州:中国矿业大学出版社,2018.9

ISBN 978 - 7 - 5646 - 4016 - 3

Ⅰ.①形…　Ⅱ.①隋…　②孔…　Ⅲ.①时事政策教育—高等学校—教材　Ⅳ.①G641.41

中国版本图书馆 CIP 数据核字(2018)第 139789 号

书　　名　形势与政策专题教程(2018 下)
主　　编　隋月英　孔　亭
责任编辑　史凤萍　陈振斌
出版发行　中国矿业大学出版社有限责任公司
　　　　　　(江苏省徐州市解放南路　邮编 221008)
营销热线　(0516)83885307　83884995
出版服务　(0516)83884895　83885309
网　　址　http://www.cumtp.com　**E-mail**:cumtpvip@cumtp.com
印　　刷　江苏苏中印刷有限公司
开　　本　787×1092　1/16　**印张** 11.25　**字数** 202 千字
版次印次　2018 年 9 月第 1 版　2018 年 9 月第 1 次印刷
定　　价　20.00 元
(图书出现印装质量问题,本社负责调换)